Herbert King

Anschluß finden an die religiösen Kräfte der Seele

Die Deutsche Bibliothek – CIP-Einheitsaufnahme
King, Herbert:
Anschluß finden an die religiösen Kräfte der Seele /
Herbert King. – Vallendar-Schönstatt : Patris Verl., 1999
  ISBN 3-87620-217-5

Alle Rechte vorbehalten. Printed in Germany.
© 1999 by Patris Verlag GmbH, Vallendar-Schönstatt
Umschlaggestaltung u. Satz: Catalina Kirschner, Freiburg

Inhalt

Hinführung ... 5

Erster Teil
Aus der Seele aufsteigende Religiosität ... 9

1. Zur Situation der Religion ... 10
2. Wahrnehmen des Religiösen in der menschlichen Seele ... 20
3. Spiritualität „von unten" ... 33
4. Religiöse Identität ... 45
5. Religiöse Tradition ... 57
6. Seelische Kraft des Marianischen ... 65

Zweiter Teil
Vorgegebene Religion ... 75

7. Vorgegebene religiöse Räume ... 76
8. Vorgegebene religiöse Lehre ... 88

Dritter Teil
Ganzheit des Religiösen ... 99

9. Der Organismus des Religiösen ... 100
10. Von der Erfahrung der menschlichen Bindung zu Gott ... 111

Anmerkungen ... 122
Literatur ... 124

Hinführung

„Anschluß finden an die religiösen Kräfte der Seele" ist der Titel der vorliegenden Publikation. Zu den Kräften der Seele gehören auch religiöse Kräfte. Und diesen zugeordnet gehört zum Vollzug von Religion auch das Sinnenhafte. In vielfältiger Weise zeigt sich Gott auf sinnenhafte Weise der sinnenhaften Seele. Das müßte einer Religion, in deren Zentrum die Auffassung steht, daß Gott Mensch geworden ist, eigentlich nicht fremd sein.

Wenn die religiösen Kräfte der Seele heute vielfach verschüttet sind, ist daran nicht an letzter Stelle Schuld die Art, wie christliche Spiritualität und vor allem Theologie aufgefaßt und gelehrt werden. In dem Bemühen, das „Wesentliche" hervorzuheben, betonen sie zu einseitig die Geistigkeit und Andersartigkeit Gottes und die Übernatürlichkeit der christlichen Inhalte und des Glaubens.

Die aus der menschlichen Seele aufsteigende „natürliche" Religiosität wird dem gnadenhaft von Gott geschenkten „übernatürlichen" Glauben als geradezu feindlich gegenübergestellt. Jedenfalls tut sich an dieser Stelle die herrschende Spiritualität und Theologie ausgesprochen schwer. Zu sehr fürchten sie eine ungebührliche Vermischung von Menschlichem und Göttlichem. Für eine Verbindung beider Aspekte fehlen ihnen weitgehend die Kategorien. Dadurch werden sie den religiösen Bedürfnissen der menschlichen Seele nicht gerecht und bleiben einseitig im Geistig-Willentlichen, Welt- und Menschenlosen.

Im Zeitalter der Psychologie geht es darum, der menschlichen Seele in all ihren Bedürfnissen, eben auch in den religiösen Bedürfnissen, gerecht zu werden. Und menschlich-psychische Selbstwerdung aus den Kräften der Seele heraus ist immer auch religiöse Selbstwerdung.

Die Sicht des Religiösen, wie es in dieser Publikation in den Blick kommt, braucht einen Typ von Seelsorger und Seelsorgerin, der fähig ist, mit religiösen Lebensäußerungen individuell wie gemeinschaftlich umzugehen.

Es wundert nicht, daß in einer Art Emanzipation von einer allzu geistigen Auffassung der Religion in unserer westlichen Kultur im Rückgriff auf außer- und vorchristliche Traditionen (Esoterik) eine breite Strömung nichtchristlicher, aus der Seele aufsteigender, sinnenhafter Religiosität entstanden ist.

Joseph Kentenich, von dessen Gedankengut vorliegende Schrift profitiert, hat schon früh darauf hingewiesen, daß es um die „irrationale Wurzel" unseres Glaubens geht. Diese ist krank geworden bzw. wird zu wenig beachtet und gepflegt. Dadurch hängt der Glaube gleichsam in der Luft und wird zu einem Überbau ohne Fundament. Insofern sieht Kentenich sehr hellsichtig die Schwierigkeiten mehr in der Kirche als in der „bösen Welt". Nach seiner Meinung haben die theologischen und pastoralen Kräfte der Kirche eine zu spiritualistische und supranaturalistische Sicht des Glaubens und seiner Verkündigung. An dieser Diagnose dürfte sich bis heute nichts geändert haben. Sein ganzes Lebenswerk gilt theoretisch wie praktisch diesem Thema.

Erster Teil
Aus der Seele aufsteigende Religiosität

Zur Situation der Religion

Die Frohe Botschaft verkünden

Daß die Sache mit dem christlichen Glauben in unserer Gesellschaft weitergeht, daß das Evangelium an möglichst viele, besonders an die neue Generation „weitergegeben" wird, ist für viele ein sehr großes und manchmal fast bedrängendes Anliegen. Neuevangelisierung ist ein zentrales Stichwort unserer heutigen Kirche. Viele Hoffnungen verbinden sich damit, aber auch Enttäuschungen, Resignation und Ängste.

In diesem Anliegen hat bereits das Zweite Vatikanische Konzil im Rückgriff auf die beste Tradition der Heiligen Schrift und der ersten christlichen Jahrhunderte eine theologisch sehr stimmige und auf das Wesentliche zentrierte Theologie vorgelegt, ohne die wir heute nicht mehr kirchlich leben wollten. Aus der unverstellten Mitte der Frohen Botschaft werden Quellen zu einem zeitgemäßen Christsein erschlossen. Diese Ausrichtung ist seitdem in alle kirchlichen Verwirklichungsweisen eingeflossen und hat diese um- und neugestaltet. In Fortsetzung des Konzils dient diesem Anliegen der neue Weltkatechismus, ebenso in Deutschland der Erwachsenenkatechismus der Bischofskonferenz.

Das Konzil hat Strömungen aufgegriffen und anerkannt, die in den dreißiger Jahren vor allem im deutschsprachigen Kulturraum aufgebrochen sind. Ich nenne die christozentrische, liturgische, biblische und ökumenische Bewegung.

Überbau

Und dennoch kommt das Programm der Verheutigung des Christentums aus dem theologisch Wesentlichen heraus nicht so richtig zum Zug. Die Menschen in unserem Kulturraum fühlen sich auf eigenartige Weise „draußen", nicht angesprochen. Der Glaube „verdunstet", wird dünner, der religiöse Grundwasserspiegel sinkt, beklagt man allerseits.

Alarmierend sind aber vor allem die Stimmen vieler, die bewußt und aktiv kirchlich sind und sich dennoch nicht wirklich „drinnen" erleben. So erklärt eine Psychologin, Mitglied des Pfarrgemeinderates in einer Großstadtgemeinde, aktiv und bekennend-religiös auch in ihrem Berufsmilieu, daß das, was sie im Gottesdienst aufnimmt und hört, speziell auch die liturgischen und biblischen Texte, an nur ganz wenigen Stellen innerlich etwas mit ihrer beruflichen Alltagswelt und vor allem ihrem

Lebensgefühl zu tun hat, so sehr sie sich um diesen Zusammenhang auch bemühen mag.

Eine Karfreitagspredigt im vollen Kölner Dom, auf gutem und auch verständlichem Niveau, hat in der Aussage eines Zuhörers, einem gebildeten und bewußten Christen, den Eindruck hinterlassen, daß sich dies alles auf einem zweiten Stockwerk bewegt, das mit dem Erdgeschoß keine oder nur wenig Verbindung hat. Er habe eigentlich nirgends eine Stelle ausmachen können, wo das Gesagte in seiner Seele und ihren Vorstellungen und Bedürfnissen einen Platz hätte, wo dieses „stattfände". Ähnlich die Reaktion auf eine in sich sehr schöne Weihnachtspredigt aus einer großen und übervollen Kirche im Fernsehen. Die ganze Predigt handelt vom Eingreifen Gottes, von seinem Handeln und Sprechen. An keiner Stelle aber wird gesagt, wo so etwas konkret erfahrbar und festgemacht werden könnte und was eigentlich mit dem Wort „Gott" gesagt ist, psychologisch gesagt ist.

Die Verheutigung der christlichen Botschaft bleibt bei einem innertheologischen Vorgang stehen. „Damals", vor Jahrhunderten, in biblischer Zeit hat Gott gehandelt, gesprochen, sich bemerkbar gemacht. Aber wie er es damals getan hat, bleibt offen. Wie und wo haben der Mensch, besondere Menschen es damals erfahren, so daß wir von ihnen lernen könnten? Daß Gott heute handelt bleibt psychologisch gesehen abstrakt, jenseits der Erfahrung. Ähnlich verhält es sich mit der Aussage, daß Gott in der Liturgie handelt und eingreift.

Meistens ist Ethisches gemeint, wo Gott als heute sprechend und seinen Willen kundtuend ausgesagt wird, wenn man einmal von im Allgemeinen bleibenden Formulierungen über die Gegenwart Gottes absieht. So die Aussage einer Christin, die dessen auf einmal gewahr wird und anfängt, alle Predigten unter diesem Gesichtspunkt einmal bewußt auf sich wirken zu lassen.

Veränderter seelischer Wurzelgrund

Nicht bedacht in unserer Kirche ist, daß die oben genannten Strömungen aus den dreißiger Jahren und mit ihnen das Konzil in einer Zeit entstanden sind, in der der „Unterbau", auf dem christlicher Glaube ruht, noch sehr lebendig war, in der eine tiefe und reiche Substanz des Religiösen ganz unmittelbar die geistigen theologischen Aussagen trug und durch diese in vielfacher Weise zum Klingen gebracht wurde. Dieser Untergrund ist immer mehr weggerutscht, hat sich verschoben und umgestaltet. Bezeichnend und in höchstem Maße symbolhaft ist die

Tatsache, daß mit dem Einführen der Liturgiereform der große Auszug aus den Kirchen begann, nicht wegen ihr, ganz sicher nicht, und doch gleichzeitig. Ihre Akzente greifen in allem das Wesentliche. Doch, was geschieht, wenn der Mensch nicht mehr liturgiefähig ist?, fragte damals Guardini auf der Höhe seines Lebenswerkes. In Wirklichkeit wendet sich eine solche, das Wesentliche herausarbeitende Theologie, dann einseitig an den Kopf und die Entscheidungskraft des Willens, aber nicht mehr genügend an den religiösen Wurzelgrund der Seele.

Pater Kentenich hat schon früh gegenüber den oben genannten Strömungen, die er begeistert und als etwas Befreiendes aufgriff, kritisch angemerkt, daß sie zu wenig die religionspsychologische Grundlage im Blick hätten und daß der Glaube so vielfach zu sehr in der Luft schwebt, zu einem Überbau wird. Dies hebt er in den letzten Jahren seines Lebens auch im Zusammenhang mit dem Konzil hervor. Immer wieder weist er darauf hin, daß das Konzil und die Konzilstheologen den psychologischen Aspekt einer veränderten Seelenlandschaft nicht im Blick hatten und mit einer gewissen Naivität zu sehr vertrauten, daß die neu gereinigte und zentrierte Botschaft allein schon geeignet ist, dem Christentum zu neuer Bedeutung in der heutigen Kultur zu verhelfen.

Das unerwartete Ereignis

Inzwischen geschah etwas ganz und gar nicht Erwartetes: Religion kommt zurück, aber nicht in erster Linie im kirchlichen Bereich, schon gar nicht sichtbar in kirchlichen Zahlen, denen wir so sehr vertrauen. Für viele war es eine ausgemachte Sache, daß Religion immer mehr absterben, daß durch Wissenschaft, Technik, Psychologie und höhere Bildung Religion einfach gegenstandslos würde. Sie bekamen nicht recht.

Ich erinnere mich an einen Zeitschriftenartikel, der mir vor etwa dreißig Jahren in die Hände fiel und mich seither immer wieder inspirierte. Darin hieß es, daß gegen Ende des Jahrtausends Religion das zentrale Thema der westlichen Kulturen sein wird. Ob es schon so weit gekommen ist, bleibe dahingestellt. Daß Religion aber ein wichtiges Thema geworden ist, ist unübersehbar. Eine religiöse Bewegung, die zunächst als „Jugendsekten" wahrgenommen wurde, hat sich inzwischen ausgebreitet zu einem breiten Strom. Dies ist vorwiegend im Bereich von Gruppen mit höherer Bildung zu beobachten, die ja historisch gesehen als erste sich vom Christentum abgewandt hatten. Ich nenne die vielen religiösen Vereinigungen. Vor allem nenne ich das weite Feld der Esoterik, die jetzt schon bald zwei Jahrzehnte lang ungebrochen ihre Wirkung entfaltet und bedeutenden Raum in den Buchhandlungen füllt. Die New Age-Bewegung sei erwähnt.

Man kann sagen, daß unsere Zeit immer mehr der des Hellenismus gleicht, in der das Christentum groß wurde. Neben der nach wie vor weiter fortschreitenden Säkularisierung aller Lebensbereiche breitet sich immer mächtiger eine Sakralisierung vieler Bereiche aus. Wenn bisher das Christentum in Sachen Religion eine Monopolstellung hatte, so verliert es diese immer mehr und muß seine religiöse Zuständigkeit mit anderen teilen. Und „Spiritualität" ist eindeutig vielfach ein nichtchristliches Wort geworden und in nichtchristlichen Zusammenhängen oft bekannter als in christlichen.

Aufgabe

Alle diese Bewegungen sprechen zu und aus den religiösen Anteilen der menschlichen Seele. Da war allem Anschein nach etwas durch die christliche Botschaft nicht mehr erreicht und gepflegt worden bzw. ganz neue religiöse Bedürfnisse sind in der Seele wach geworden. In diesen Leerraum und aus diesem heraus ist mit zum Teil unglaublicher Dynamik Religion neu lebendig geworden. Die christliche Religion, so wie sie formuliert, akzentuiert und vorgetragen wird, hat die Verbindung zur Seele, ihren religiösen Kräften, Vorstellungen und Wünschen zu sehr verloren. Sie wird pastoral zu einseitig ideenmäßig angesprochen. Ebenso zu einseitig von festgefügten Formen. Sie muß neu den Anschluß an die religiösen Kräfte der Seele finden, sie vielfach zuerst wecken, aber ebenso das aufgreifen, was (vielfach auf nicht-christliche Weise) bereits geweckt ist. Kennt die Religion den Menschen? fragt der Titel eines Buches des Psychologen Görres. Konkret ist dies die Frage nach der Kenntnis seiner religiösen Bedürfnisse und Vorgänge. Nach diesen hat in der Vergangenheit eigentlich niemand ausdrücklich gefragt. An dieser Stelle gibt es auch keine formulierte christliche Tradition, auf die man heute zurückgreifen könnte. Die religiösen Vorgänge waren einfach vorgegeben, selbstverständlich. Sie wurden in ihrer psychologischen Eigenart nicht zum Thema gemacht. Hier gilt es, Neues zu entwickeln. Damit ist im Zeitalter der Psychologie auch der Religion eine neue Chance eröffnet.

In die Seele hineinwachsen

Es gilt, die christliche Botschaft gleichsam in die menschliche Seele hineinwachsen zu lassen und sie mit allem ausdrücklich zu verbinden, was von ihr an Religiösem in der Seele geweckt und angesprochen wird. Die Verkündigung des Wortes Gottes muß so geschehen, daß sie die Reaktion der Seele auf dieses gleichzeitig mitbeobachtet, mitbedenkt und mitformuliert. In der Wirklichkeit hat die christliche Lehre immer auch, ohne es so zu nennen, Psychologie in sich gehabt. Besonders galt und gilt dies für die Lehre und Praxis Jesu, wie sie im Neuen Testament dargestellt wird. Sie paßt zur menschlichen Seele. Das war zu anderen Zeiten „selbstverständlich" und konnte deswegen unreflektiert und ungesagt bleiben. Heute muß es ausdrücklich erarbeitet und formuliert werden. Die zeitgemäß wichtige Aufgabe ist, die Frohe Botschaft unter dem Gesichtspunkt ihrer psychologischen Bedeutung neu durchzusehen.

Aus der Seele herauswachsen

Die Frohe Botschaft will aber auch aus der menschlichen Seele gleichsam herauswachsen. Diesen Aspekt will ich in dieser Publikation besonders im Blick haben.

Heutiger kirchlicher Glaube ist nicht einfach mit dem Wort Bewußtheit und Entscheidung (Entscheidungskirche) beschrieben. Es gilt, dazu eine pädagogisch-pastorale Sicht und, auf dieser fußend, eine entsprechende Praxis zu entwickeln, die der Entfaltung der ureigensten Kräfte des Religiösen in der Seele einen breiten Spielraum ermöglicht und der es gelingt, das Entfaltete mit dem Evangelium Jesu Christi immer wieder neu zu verbinden.

Das ist nicht, wie mancher befürchten mag, von vorneherein Synkretismus mit Unchristlichem und damit Verrat am Christentum. Vielmehr ist es Evangelisierung der Seelentiefen. Diese gilt es zu wecken. An diese gilt es Anschluß zu finden. Das bedeutet, daß menschlich-psychische Selbstwerdung gleichzeitig auch religiöse Selbstwerdung sein will, mit allen Höhen und Tiefen eines solchen Prozesses.

Wahrnehmen des Religiösen in der menschlichen Seele

Das Anliegen

Es gilt, die Frohe Botschaft zu verkünden, den Glauben weiterzugeben. Evangelisieren ist das Gebot der Stunde. Das Evangelium soll neu oder zum ersten Mal an die Menschen herangetragen werden. In dieser Perspektive denken wir von der Botschaft auf den Menschen zu, nicht ohne zu versuchen, die Anknüpfungspunkte in ihm zu finden und zu berücksichtigen. Die verschiedenen Kapitel dieses Buches wollen in Ergänzung zu dieser Perspektive einen Entwurf darstellen, wie gleichzeitig von der religiösen Empfänglichkeit und Kreativität des Menschen her auf das Evangelium zugegangen werden kann. Zwar ist es immer neue Aufgabe, den christlichen Glauben in die Seele der Menschen hineinwachsen zu lassen. Ebenso wichtig aber ist, ihn auch aus der Seele herauswachsen zu lassen bzw. sein Wachstum bei sich selbst wie bei anderen wahrzunehmen und behutsam zu fördern.

**Vielfalt und Freiheit
der religiösen Lebensäußerungen.**

Um auf diese Weise an sein religiöses Leben und seine religiösen Gefühle heranzukommen, braucht es Gelegenheit, sich religiös zu artikulieren und auszudrüken sowohl vor sich selbst wie vor anderen. Dies haben wir im allgemeinen nicht gelernt. Wir haben deswegen normalerweise darin keine Übung.

Auch sind viele gerade auf religiösem Gebiet sehr gehemmt. Religion gehört tatsächlich zum ganz Persönlichen des Menschen. Es gibt eine Art Schamhaftigkeit auf diesem Gebiet und damit braucht es Privatizität und Geschlossenheit. Es braucht dem Religiösen zuträgliche Räume vor allem personaler Art. Aus diesem Grund wird sich Religion immer wieder in den Raum des Privaten flüchten. Dies geschieht vor allem in Zeiten, in denen Religion nicht so sehr als Teil der öffentlichen Kultur gespürt wird, sondern mehr als ein Teil der persönlichen Intimität. So gesehen können wir eine gewisse Scheu, sich religiös zu zeigen oder bei etwas Religiösem ertappt zu werden, wie sie vielen Menschen heute eigen ist, durchaus gut verstehen.

Pluralismus meint im kirchlichen und gesellschaftlichen Zusammenhang auch den Pluralismus der religiösen Lebensäußerungen (nicht so sehr der religiösen Meinungen und

Ideen), und es fordert Toleranz, solche Lebensäußerungen stehen lassen zu können und erst einmal für das Recht einzutreten, diese zu haben oder auch auszudrücken. Hier geht es noch einmal in einem tieferen Sinn um Religionsfreiheit. Vor allem Recht geht es um eine Atmosphäre des Wohlwollens, um Verständnis und Freude am eigengeprägten religiösen Leben anderer. Jeder soll spüren können, daß auch die andern an seinen Lebensäußerungen Freude haben. Ein entsprechendes Wachstumsklima ist nötig. An dieser Stelle ist speziell in der Zeit nach dem Konzil vieles an religiöser Sensibilität zer-lacht und kaputtgetreten worden.

Neue Kirche bedeutet Vielfalt, bedeutet einen neuen Christen, der subjektive Zugänge zum christlichen Glauben entwickelt und diese in anderen für selbstverständlich hält und sie schätzt.

Bewußtes Wahrnehmen der Regungen des religiöses Lebens

Regungen des religiösen Lebens müssen erst einmal bewußt wahrgenommen und zugelassen werden. An welchen religiösen Inhalten schlägt meine Seele aus? Wo wird sie warm, hat sie Interesse, scheint etwas zu fließen? Wo erlebt sie sich in Übereinstimmung mit dem Göttlichen, wo positiv angesprochen? Was ist ihr wichtig (nicht einfach: Was ist objektiv richtig und wichtig)? Es gilt, eine gewisse religiöse Grundgestimmtheit wahrzunehmen, die sich in manchen Momenten sehr deutlich einstellen mag; den religiösen Ton der Seele zu vernehmen oder einzelne religiöse Töne und Leitmotive; sich unter dem Gesichtspunkt der ganz persönlichen religiösen Reaktionen zu beobachten bei Liedern, im Gottesdienst, bei entsprechenden Festen.

Welche ist meine Sichtweise von Jesus, meine Erfahrung mit ihm, wie ist mein Jesusbild, mein subjektiver Zugang zu ihm? Ebenso helfen kann die Frage nach meinem persönlichen Gottesbild. Nicht das gelernte, schon immer festgehaltene und formulierte Gottesbild ist gemeint. Welches Bild meldet sich ganz authentisch in meiner Seele? Die Frage nach dem persönlichen Gottesbild und seiner Geschichte im Leben eines Menschen kann, wie die Erfahrung immer wieder zeigt, einzelne oder auch Gruppen lange Zeit sehr vital und sogar dramatisch beschäftigen. Interessant kann auch sein, den Spuren der Reaktionen auf die Gottesmutter Maria in der inneren Lebensgeschichte nachzugehen, diese zu heben und bewußt zu machen. Hilfreich dabei ist das persönliche Beten. Wenn man sich dabei etwas beobachtet und fragt: Warum sagst du gerade dies oder jenes? Allerdings ist bei all dem wichtig, daß man alles erst einmal und lang genug stehen lassen kann und nicht von irgendwelchen Vorgaben her theologisch und ethisch hinterfragt, auseinanderfragt, zer-fragt.

Religiöse Ausdruckshandlungen

Interessant im Vorgang der Entfaltung einer persönlichen Religiosität sind religiöse Symbolhandlungen, wie z.B. eine ganz persönliche (und vielleicht zunächst ganz heimliche) Weihnachtskrippe gestalten; oder ein Marienbild aufstellen, ein entsprechendes Umfeld dazu gestalten, eine Kerze anzünden, sich hinknien, ein Bild küssen, einen Ort besuchen; und die dabei sich meldenden Gefühle und Vorstellungen bewußt zulassen, wahrnehmen und gleichsam verkosten.

Solche religiöse Gestaltung geschieht heute vielfach gemeinschaftlich z.B. in Kinder-, Familien- und Jugendgottesdiensten. Weil diese persönlich erarbeitet sind, dürfen wir sie als ausgesprochen zeitgemäße und weiterführende Formen der Religiosität ansehen. Es ist ein in die Zukunft weisender neuer Typ von religiös-kirchlichem Verhalten.

Über seine religiöse Erfahrung sich austauschen

In einer Versammlung von insgesamt eher gottesdienstfernen Menschen regt ein Priester an, zu erzählen, was die einzelnen mit Religion verbinden. Alle sind höchst erstaunt, am meisten der Priester selbst, was da zum Vorschein kommt. Er hätte nicht vermutet, daß dies in diesen Menschen steken kann. Warum hat er das so spät entdeckt? In einer Studentengruppe wird von den Teilnehmern berichtet, was ihnen heute noch die Erstkommunion bedeutet, welche religiösen Reaktionen sie in ihnen weckt. Erstaunlich vieles kommt zusammen. Ganz abgesehen vom Erfahrungswert kommt auf diese Weise auch inhaltlich mehr zusammen als in einer ausführlichen dogmatischen Abhandlung über die Eucharistie. Vieles an Aussprechen und Bewußtmachen von religiöser (negativer und positiver) Erfahrung geschieht ja heute gerade im Zusammenhang mit der Erstkommunion. Hier ist eine wichtige Phase im Leben der Eltern, um bewußt in Kontakt zu kommen mit den religiösen Kräften ihrer Seele. Auch hier ist wichtig, nicht an einer Meßlatte alles zu messen und zu kritisieren, sondern jede Lebensregung freudig ernst zu nehmen und zu achten. Also: Die persönliche innere religiöse Geschichte, die religiösen Erinnerungen heben, sie zunächst vor sich selbst aussprechen, aber auch vor anderen, vor der Ehefrau, dem Ehemann, den heranwachsenden Söhnen und Töchtern. Und auch diesen ermöglichen, daß sie sich undogmatisch, unpräzis, ohne Angst, etwas Falsches zu sagen, ausdrücken.

Vielfach hört man die Klage, der heutige Mensch habe kein religiöses Wissen „mehr". Was ist aber gemeint, wenn selbst eine Noviziatsbegleiterin von ihren Novizinnen das auch sagt? Diese waren doch schon immer religiös interessiert, haben über zehn Jahre Religionsunterricht hinter sich, haben vielfach in Jugendgruppen selbst Religiöses formuliert und gestaltet. Es muß sich wohl um eine andere Form des Wissens handeln als die Älteren vetraute abfragbare, formelhafte, dogmatisch richtige Form solchen Wissens. Gilt Ähnliches nicht auch von vielen Menschen insgesamt? Sie hatten im allgemeinen nur zu wenig Anleitung, Religion in sich selbst zu entdecken und auszudrüken. Zu vieles an Religion haben sie gehört und studiert, ohne zu lernen, wie und wo es in ihrer Seele „stattfindet".

Es geht mir in diesem Kapitel um die Aufmerksamkeit gegenüber den religiösen Regungen und dem religiösen Drängen in der Seele, gegenüber ihren religiösen Betroffenheiten und Angeregtheiten. Ich will anregen, da einfach Suchbewegungen auszuführen, in sich hineinzuhören, und das dort vernommene Religiöse ernst zu nehmen.

Sich abzeichnende Gestaltungen des Religiösen in der menschlichen Seele

Einzelne Regungen werden sich als Einzelzüge einer Art religiösen Magnetfeldes erweisen, mit stärkeren und schwächeren, dauernden oder nur kurzlebigen Bewegungen. Man wird bemerken, daß sich manches zyklisch wiederholt, daß es größere und kleinere Zyklen gibt; oder daß es so ist wie bei einer Wellenbewegung im Wasser, die an der gleichen Stelle stets neu entsteht und dann sich wieder verläuft. Es ist ein ganzer Kosmos von unterschiedlich tiefen, nachhaltigen und bewußten religiösen Lebensregungen und Lebensäußerungen zu beobachten.

Aus und inmitten einer gewissen Fülle kristallisieren sich von selbst Verdichtungen des religiösen Lebens, entstehen kontinuierliche Lebensvorgänge, Lebensobjektivationen, Gestaltwerdungen des religiösen Lebens. Hier gilt es, ehrfürchtig das Werdende reflexiv zu begleiten, ohne es zu bedrängen.

Pater Kentenich war ein Meister im Umgang mit dem religiösen Leben im Menschen, mit dem wachsenden, mit dem gewachsenen und gewordenen Leben; dies im individuellen Bereich wie im gemeinschaftlichen. Es ging ihm darum, auf diese Weise Substanzbildung religiöser Art zu fördern. Weil religiöse Substanz nicht einfach mehr von Generation zu Generation weitergegeben wird, muß diese heute aus der menschlichen Seele heraus vielfach bewußt neu geschaffen, jedenfalls gepflegt werden. Dies steht als einfaches Anliegen und Prinzip hinter den vielen Lebensäußerungen und Lebensgestaltungen der Gründungen J. Kentenichs, die vielen so unverständlich sind. Sie sind aus dem flutenden religiösen Leben heraus entstanden und sind gleichsam Kristallisierungen von Leben, das entsprechend festgehalten worden ist. Hier ist allerdings auch die Gefahr, daß solches Leben mit der Zeit zu sehr erstarrt und formelhaft wird, weil man das Prinzip seines Entstehens nicht mehr genügend kennt.

Chancen für den ausgedünnten Glauben

Es geht also darum, religiöses Leben zu heben, es zum Zug kommen zu lassen, zuerst in den lebendigen Christen selbst; aber auch in den Kirchenfernen, in solchen, deren Glaube sehr geschwächt ist, die keine religiöse Substanz haben oder nur eine ausgedünnte, eine sicher nicht abfragbare, nur einen von ihnen kaum wahrgenommenen Glauben oder nur Glaubenslebensreste und Glaubensinseln. Hier geht es um Spurensuche, um Samenkörnersuche des Glaubens, um Freilegen von religiösem Leben.

Was die Deutschen glauben, weiß niemand, am wenigsten die Kirche, weil zu wenig Sinn da ist, religiöse Lebensbewegungen in der Seele festzustellen und zu bewerten. Alles ist schnell nach äußerlich abfragbaren Kriterien gewertet. Woher soll ich das wissen?, wird man fragen. Darauf käme es aber an. Viel wäre erreicht durch die Schaffung eines öffentlichen Klimas, in dem solches für möglich gehalten wird bzw. in etwa auch manches vorformuliert wird. Daß ein Volk, das so viel Religionsunterricht erhält wie das unsrige, keine religiösen Lebensbewegungen in seiner Seele hat, ist von vorneherein auszuschließen. Aber wer wertet sie? Wer hilft, diesen zu wachsen vom Leben ausgehend und nicht zunächst durch Wiederholung dogmatisch-normativer Inhalte? Was geschieht in einem Volk, von dem über 20 Millionen (!) im Radio eine Morgenandacht hören? Und was zeigt sich, wenn die von der Friehofsverwaltung angestellte Musikgruppe auf ausdrücklichen Wunsch des Verstorbenen

„So nimm denn meine Hände spielt"? Ist damit nicht ein inneres religiöses Leben abgeschlossen, das vom Gottesdienstangebot seiner Kirche zwar keinen Gebrauch machte und seine Ehe ganz und gar nicht in Ordnung hatte, aber möglicherweise dieses Lied oft gesungen hat und in ihm seinen Glauben an den Gott seines persönlichen Lebens mit seinen Freuden und seinem Leid irgendwie wiedererkannt hat und ausgedrückt erlebte. Ist das nichts?

Ein christlich sehr engagiertes Ehepaar kommt mit der Nachricht nach Hause, daß sie endgültig keine Kinder haben werden können. Vor der Wohnungstür treffen sie den aus der Kirche ausgetretenen Wohnungsnachbarn und kommentieren ihm diese für sie schlimme Nachricht. Seine Antwort: Dann wird Gott für Euch etwas anderes Gutes vorhaben. Das hätten sie bei dem nicht gesucht. Und erst recht hätten dies hauptamtliche Vertreter der Kirche dort nicht gesucht. Warum eigentlich nicht? Ist das äußere Zeichen des Austritts aus der Kirche so eindeutig? Ist im übrigen das äußere Zeichen der Mitfeier der sonntäglichen Eucharistie so eindeutig, daß es dazu berechtigt, allen, die nicht teilnehmen, immer wieder präzise gerade das vorzuhalten und dabei zu versäumen, erst einmal mit ihrer religiösen Seele in Kontakt zu kommen und mitzuhelfen, manchem an Religiösem in dieser ein besseres

Wachstum zu ermöglichen? Aber das setzt zunächst einmal die Annahme des Menschen in seiner religiösen Konkretheit voraus.

Interessant ist in dieser Hinsicht die Reaktion auf das Karlsruher Urteil betreffs des Kreuzes in den Schulen. Nicht so sehr das Urteil als vielmehr die Reaktion auf dieses darf überraschen. Mit soviel Protest hat man nicht gerechnet. „Zu meinen, wir seien kein christliches Volk mehr, weil die Kirchenaustritte zunehmen und der Kirchenbesuch abnimmt - das ist doch wohl ein arg oberflächliches Urteil" (Marion Gräfin Dönhoff, Mitherausgeberin der Wochenzeitung „Die Zeit" in derselben als Kommentar zur Reaktion auf das Karlsruher Urteil). Ich hätte mir eine solche Sicht der Dinge von Vertretern der Kirche gewünscht. Was spricht sich also in dieser Reaktion aus? Welchen Strom oder welches Strömchen des Glaubens gilt es wahrzunehmen, zu achten und dadurch zu fördern?

Kennt die Religion den Menschen? ist im vorigen Kapitel schon gefragt worden. Kennt die Religion den Menschen speziell in seiner Religiosität? Vieles spricht dafür, daß sie ihn wenig oder gar nicht kennt, ihn irgendwie nicht kennen will.

Es gilt, Sinn und Gespür für religiöse Lebensäußerungen zu entwickeln, seien es

Äußerungen mehr traditionellen oder mehr neuen und ungewohnten Lebens. Es gilt, die Würde der religiösen Lebensregungen und Gefühle ernst zu nehmen, solche stehen lassen zu können. Zu vieles wird auch innerhalb der Kirche verspottet, belächelt, nicht ernst genommen oder atmosphärisch abgedrängt.

Spiritualität „von unten"

**Seinsmäßig-objektive
und lebensmäßig-subjektive Sicht**

Alle Wirklichkeit kann unter einem doppelten Gesichtspunkt gesehen werden, dem des Seins und dem des Lebens. Das gilt auch für den religiösen Bereich. In vorliegenden Darlegungen steht das religiöse Leben im Blickpunkt, damit also zunächst nicht die dogmatisch-normative Seite (Sein) der Religion. Pater Kentenich hat schon früh unterschieden zwischen dogmatisch-logischer und dogmatisch-psychologischer Sicht.[1] Die Frage ist: Was zeigt sich an Lebensregungen religiöser Art im Menschen, wie kann und soll mit diesen umgegangen werden? Im Einklang mit dem göttlichen Leben sein bedeutet also unter diesem Gesichtspunkt im Einklang leben mit den religiösen Lebensbewegungen der Seele.

Das göttliche Leben, das Leben Christi, das Leben der Gnade, das Leben der Eucharistie im Menschen soll also nicht zunächst unter dem Gesichtspunkt des „objektiv"-seinsmäßig-sachlich Wahren und Wirklichen gesehen werden. Thema ist die subjektive Seite seiner lebensmäßig-psychologischen Resonanz im Menschen. Dabei ist es zunächst nicht wichtig, ob solche Resonanz nur schwach wahrnehmbar ist, sich mit nicht-religiösen Bewegungen der Seele entsprechend vermischt oder sich in mehr oder weniger deutlich wahrnehmbaren Lebensbewegungen ausdrückt.

Wenn der Evangelist Johannes Jesus sagen läßt, er sei gekommen, damit sie das Leben haben und es in Fülle haben (Joh 10,10), dann ist hier zunächst das seinsmäßig geschenkte Christus- und Gottesleben gemeint. Es kann aber auch subjektiv-psychologisch-lebensmäßig verstanden werden. Beide Sichtweisen schließen sich nicht aus. Sie ergänzen sich vielmehr. Die Seinsordnung soll zur Lebensordnung werden. Der lebendige Glaube soll im Leben angewandte Dogmatik sein, so eine der zentralen programmatischen Aussagen Joseph Kentenichs zum Vorgang christliche Spiritualität. Das bedeutet, daß seine objektiv vorgegebenen Inhalte in der menschlichen Seele Widerhall finden, sie bewegen, sich in ihr einnisten, sich mit der Eigendynamik der Seele und ihren Plausibilitäten verbinden, in ihr zum Leuchten kommen, Erfahrung werden. Religiöses Leben ist also das Gesamt der religiösen Bedürfnisse, Reaktionen, Wertungen, Hoffnungen, Erinnerungen und dergleichen mehr.

Eine seinsmäßig-sachlich-objektive Darlegung und Aufnahme von religiösen Inhalten spricht, wenn überhaupt, zu sehr nur den Verstand und den geistigen Willen allein an, wird zum Über-Ich, zur Übernahme einer fremden Ideologie, zur Maske, zum Überbau ohne wirkliches Fundament (vergl. Kapitel 1). Man spielt dann eigentlich nur eine Rolle, vor sich selbst, vor den Kindern in seiner Familie, vor seiner Gemeinde. Es bleibt bei einem sehr dürren, ausgedünnten, rachitischen Glauben, bei einem Glauben, der nicht eigentlich „mein" geworden ist. In diesem Sinn ist es zu wenig, das religiöse Leben (Leben Gottes, Leben der Eucharistie, Leben Christi) einfach aus dem Sein abzuleiten. Ein so verstandenes Sein ist dann zu sehr Idee. Das soll mit „angewandt" nicht gemeint sein.

Es ist also wichtig, die Bewegung zu beobachten, die vom subjektiv-psychologischen (religiösen) Leben her auf die objektiv vorgegebenen Inhalte hingeht. Der christliche Glaube entsteht zwar nicht einfach aus der Seele der Menschen. Er wird an sie herangetragen, „verkündet". Die menschliche Seele ist ihm aber auch nicht schlechtin fremd. Sie hat Sehnsucht nach ihm, fühlt sich ihm verwandt, bewegt sich auch auf ihn zu. Hier ist das schon der frühen Christenheit geläufige Wort zu zitieren, wonach die Seele von Natur aus christlich ist (anima humana naturaliter est christiana). Ebenso die thomistische Lehre von der potentia oboedientialis (Fähigkeit der menschlichen Natur, der Gnade zu gehorchen). Oder die Lehre vom desiderium naturale (Sehnsucht der menschlichen Natur, den übernatürlichen Gott zu erkennen und zu lieben). Da ich mich hier mehr im psychologischen Bereich bewege, soll die theologische Problematik, um die es hier geht, nicht dargestellt werden.

Menschliche Seele und göttliche Bekundung sind in einem „Zirkelgeschehen" aufeinander verwiesen. Im Idealfall spiegelt die subjektive Lebensfülle die objektive Wahrheitsfülle. Ebenso läßt sich diese aus der subjektiven Lebensfülle der Seele ablesen.

Wenn ich hier den Ausdruck „Leben" benütze, so soll in unserem Zusammenhang nicht so sehr das ethische Leben gemeint sein. Wenn gesagt wird, daß man das, was man für wahr und richtig hält, auch tun müsse, so ist dies zwar wahr. Doch ist dies hier nur sekundär gemeint.

Gesichtspunkt Leben

Es geht also darum, die Inhalte meines Glaubens, des Glaubens meiner Gemeinde...unter dem Gesichtspunkt des Lebens zu sehen, Sinn für diese Sichtweise zu entwickeln. Das ist gar nicht so selbstverständlich. Ich denke an die Frage, die ich an den Rektor einer Katholischen

Universität gestellt habe, was in den Studenten seines Landes an Strömungen und Bewegungen anzutreffen sei. Darauf konnte ich keine eigentliche Antwort bekommen. Ja, ich hatte den Eindruck, daß ich mich mit der Frage gar nicht verständlich machen konnte. Er erzählte mir, was seine Universität an seelsorglichen Angeboten hat und wie diese von den Studenten genützt werden. Zum Thema Leben und Lebensbewegungen kamen wir aber nicht.

Umso wichtiger ist es, die Erfahrung mit der „Sichtweise Leben" irgendwo selbst gemacht zu haben, wie es in den Schönstattgemeinschaften vielfach angestrebt wird.

Im Maße Leben gewisse Gestaltungen annimmt, reden wir mit Pater Kentenich von Lebensvorgang, Lebensgebilde, Lebensströmung, Gestaltwerdung des Lebens, Organismus des Lebens.

Ich kann also ein Thema lebensmäßig angehen oder seinsmäßig-lehrhaft-ideenmäßig. Im ersten Fall steht das im Vordergrund, was zu einem Thema bei einem einzelnen oder einer Gruppe erlebt wurde, erfahren wird. Dazu Pater Kentenich: „Gelesen habe ich vor allem im Buch der Seelen." Im zweiten Fall steht das im Vordergrund, was dazu gewußt wird, für richtig angesehen und gedacht wird, in Büchern steht, vorgetragen wird.

Ebenso kann ich bei einem Thema mehr seinsmäßig-ideenmäßig oder mehr lebensmäßig argumentieren und einen konkreten Inhalt begründen.

Im einen Fall achte ich darauf, daß die Sprache seelisch-stimmig ist. Heute geht es weitgehend darum, die dogmatisch-normative Sprache, so wie sie sich entwickelt hat und einmal stimmig war, mindestens für eine gewisse gebildete Schicht, in seelisch-stimmige Sprache umzuformulieren, umzuschreiben, gleichsam zu übersetzen. Ebenso gilt dies für die Sprache der überkommenen praktischen religiösen Vollzüge und Formen. Im ersteren Fall ist es die Sprache des bewußt-geistigen Umgangs mit der Offenbarung in Jesus Christus. Im letzteren ist es die Sprache des mehr rituell, ganzheitlich-unthematischen Umgangs mit dieser. Auch diese gilt es seelisch-stimmig, d.h. lebensvorgangsmäßig zu formulieren. Das bedeutet vielfach zuerst einmal eine Bewußtmachung von „selbstverständlich" Vollzogenem, von nie eigentlich ausdrücklich Bedachtem und Gewußtem.

Weiter darf gesagt werden, daß durch das lebensmäßige Vorgehen in einer Gruppe das Objektiv-Ganze sich aus den lebensmäßigen Beiträgen der verschiedenen Teilnehmer wabenförmig in größerem oder kleinerem Umfang wie ein Mosaik aufbaut und progressiv entsteht.

Dieses wabenförmige sich Zusammensetzen des Ganzen ergibt sich dann auch und vor allem in der zeitlichen Längserstreckung der Lebensäußerungen. Das entstandene Leben, seine Äußerungen und Gestaltwerdungen entsprechend „festzuhalten" (J. Kentenich), sie immer wieder neu zu leben und in immer neuen kreisförmigen Durchgängen zu bedenken, sie mit Neuem anzureichern ist eine wichtige Bedingung für das lebensmäßige „Wachstum" einer Gruppierung, aber auch des Individuums.

Es wird dabei sichtbar, daß nicht nur das ethische Gesetz in das Herz des Menschen geschrieben ist (Röm 2,15), sondern auch die Offenbarung in Jesus Christus wie Religion überhaupt. Wenn dies schon für alle Menschen gilt, dann speziell und erst recht für den Christen (vergl. 2 Kor 3, 2 f.).

Lebenspädagogik und Lebenspastoral

Solches geschieht aber nur unter der Voraussetzung, daß die Lebensäußerungen wirklich stehen gelassen werden, daß sie anerkannt sind, daß sie nicht diskutiert werden. Priorität hat erst einmal, daß aus-getauscht und einfach nebeneinandergestellt wird. Auf dieser Ebene gibt es zunächst keine falschen Begriffe und „Häresien". Es selbst sagen geht vor

Richtigkeit oder ausdrücklicher Ganzheit der Inhalte. Es wird nichts abgeschafft. Es wird allenfalls erweitert. Alle gehen mit, je nach den Stand-punkten, dem Stand, den jeder hat. Das gilt für alle Beteiligten. Es gilt, gleichsam einen Eimer in die Seele hinabzulassen, etwas von dem dort Fließenden hochkommen zu lassen und zu heben.

Für den Leiter einer solchen Gruppe speziell gilt, aber auch für sich besonders verantwortlich fühlende Mitglieder derselben, daß sie ruhig bleiben können, auch und gerade wenn extreme, einseitige oder „falsche" Beiträge kommen. Hier ist ein ganz neues pädagogisches und leitungsmäßiges Ethos gefordert und vielfach auch in unserer Kultur entstanden. Ein guter Leiter ist einfach dabei und sagt nichts, fast nichts. Pater Kentenich konnte stundenlang, monatelang in den Versammlungen seiner Schüler sitzen und schweigen. Dieses Dabeisitzen und nichts Sagen von Leitenden ist in unserer Pastoral zu wenig antreffbar.

Falls der Leitende von sich aus etwas beiträgt, sollte auch seine Intervention ein Beitrag lebensmäßiger Art sein. Es ist eine persönliche, auch für ihn seelisch-stimmige Sichtweise als „Wabe" im Ganzen gefordert. Ob man als Hauptamtlicher, also als professionell mit Religion Umgehender da überhaupt innerlich, vor sich selbst, unterscheiden kann zwischen wirklich erfahrenem Glauben und dem, mit berufsmäßiger „theologischer Kompetenz" Gesagtem und Gedachtem? Leicht entsteht eine seelische Abgebrühtheit und Selbstverständlichkeit des Religiösen, ein seelisches Rollenverhalten, das den lebendigen Fluß der Seele nicht richtig zuläßt. Das bedeutet nicht, seine persönlichen Probleme auszubreiten. Es darf auch nicht bedeuten, dann eben im Modus des subjektiven Beitrags das dann doch zu sagen, was einem zu „fehlen" scheint oder was zurechtgerückt werden soll. Eine Gruppe (auch eine Familie), die lange genug redet, redet sich auch rund, wenn man sie reden läßt und man es versteht, das Gespräch in Gang zu halten. Dazu beitragen ist sogar die wichtigste Funktion eines Leiters. Besonders Gift sind allzu klärende, belehrende, zurechtrückende Interventionen. Sie stören den Fluß des Lebensaustausches und das Zustandekommen der lebensmäßigen Aus-sprache überhaupt. Meistens entsteht nach solchen Interventionen des „Lehramtes" eine Pause, und das Gespräch muß wieder neu beginnen, falls es gelingt. Erst recht entsteht so nicht ein allmähliches Zustandekommen der lebensmäßigen Ganzheit als Spiegelbild der objektiven Ganzheit.

Thematisches kann ja in der nächsten Sonntagspredigt wieder vorgelegt werden. Die Teilnehmer an der Versammlung werden sich wiedererkennen, wenn die Predigt für das in der Versammlung ausgetauschte Leben wirklich Bedeutung hat. Hier wird der von J. Kentenich eingeführte Begriff der „Geistpflege" erst eigentlich in seinem Wesen greifbar. Sonst ist diese einseitig Motivation von Vorgaben her oder moralischer Druck und Hinweis auf das, „was wir alles müßten".

Das Gesagte hat Bedeutung für jeden Typ von Gruppierung und Vereinigung, für die Familie und Gemeinde, sinngemäß auch für den Umgang mit sich selbst. Die gemachte pädagogisch-pastorale Überlegung hat das mit (religiösem) Leben Gemeinte noch deutlicher werden lassen. Es gilt, dem Leben zu trauen, Vertrauen in dieses zu haben. Vertrauenspädagogik nennt es J. Kentenich. Es ist Seelsorge, Pädagogik vom Menschen her.[2]

Induktive Lebensspiritualität

Auf diese Weise entsteht Spiritualität „von unten"[3]. Sie wächst aus der individuellen und gemeinschaftlichen Seele „heraus". Es ist eine Spiritualität vom Menschen her, von seinen (religiösen) seelischen Bedürfnissen her. Die entstehende, die aufsteigende, die zur vorgegebenen Offenbarung hinführende Linie ist betont gegenüber der vorgegebenen, absteigenden, von der Offenbarung herkommenden Linie.

Und so wie es eine Deszendenz- und eine Aszendenzchristologie gibt, d.h. eine herabsteigende und eine aufsteigende Christologie, eine Christologie von oben und eine solche von unten, so entsprechend auch eine Spiritualität von oben und von unten. Wie an anderer Stelle hervorgehoben, meint das Wort Spiritualität für viele heute speziell den von unten, den aus der Seele kommenden Aspekt, oft im Gegensatz zu dem von oben auf die Seele zukommenden Aspekt.

Hier ist auch ein wichtiger Unterschied zu der Generation, die noch die alte Glaubenssicherheit in der Kirche erlebt hat. In einem Gespräch zwischen älterer und jüngerer Generation sagte ein Vertreter der jungen Generation: Der Unterschied zwischen euch und uns ist, daß ihr von einem festgefügten Glauben herkommt, den ihr einfach so übernommen habt, wie er euch vorgegeben worden ist. Wir dagegen sind gleichsam im Dschungel der vielen Wege und Möglichkeiten (auch der kirchlich-religiösen) aufgewachsen und müssen uns einen Weg suchen auf das hin, woher ihr kommt. Daß beide sich ergänzen können und auch müssen, ist klar. Und doch muß auch klar sein, daß es darum geht, daß heutige junge (und auch nicht so junge) Menschen den Glauben und seine Inhalte selbst entdecken, auch in sich entdecken. Doch gilt auch für die Vertreter der früheren Art des Christseins, daß ihr Glaube fülliger werden kann, wenn sie sich auf die hier vorgestellte lebensmäßige Sicht- und Handlungsweise einlassen. Vor allem werden sie ihre Aufgabe, jungen Menschen etwas von ihrem Glauben zu schenken, ganz anders verwirklichen können.

Mit Spiritualität von unten oder mit „induktiver Lebensspiritualität", ist die psychologische Eigengesetzlichkeit (Autonomie) des Religiösen in der menschlichen Seele ernstgenommen. Diese Eigengesetzlichkeit (Autonomie) ist allerdings eine relative, d.h. bezogene, bezogen auf die auch objektiv vorgegebene Offenbarung und Seinsordnung. Durch die Entdeckung der Psychologie und ihre Verbreitung als allgemeine Weltanschauung ist für den religiösen Bereich zunächst eine Gefahr entstanden. Aber noch mehr ist eine neue Aufgabe und Chance gegeben - für eine neue Art religiös und gläubig zu sein.

Die Kräfte der Seele, allen voran ihre religiösen Kräfte, wollen als Weg des Evangeliums Jesu Christi gewertet werden.

Religiöse Identität

Selbstwerdung, Selbstverwirklichung, Selbstentfaltung gehören zweifelsohne zu den wichtigen Idealen unserer heutigen Kultur. Vorliegende Publikation lenkt in der Schule J. Kentenichs den Blick darauf, daß auch Religion mit zu dieser Selbstwerdung gehört und daß auch sie Teil des Selbstwerdungsprozesses ist. Dem dient der Blick auf das aus der menschlichen Seele kommende Religiöse.

Die Würde des eigenen religiösen Lebens

„Das kann man einfach so stehen lassen, es ist ja ein Erfahrungsbericht", kommentiert die Leiterin einer Gesprächsrunde einen Beitrag. Wir haben es hier mit der Autorität der Erfahrung zu tun. Beherzt auf die Würde des persönlichen religiösen Weges setzen, der konkreten religiösen Erfahrung und Überzeugung. Und der junge Mann, der Priester werden will, wird am ehesten Zustimmung oder Verständnis für seinen Weg finden, wenn er diesen als subjektiven Wunsch und Ausdruck seiner inneren Erfahrung darstellen kann. Es ist ja auch tatsächlich allerpersönlichste Berufung. Nur daß man dazu meistens objektive Gründe anführt und das eigentlich Subjektive mehr indirekt in objektiver theologischer Sprache sagt und es damit verbirgt.

Das Argument „für mich ist es wichtig", „für mich ist das so" hat heute größte moralische Autorität. Wenn klar ist, daß jemand es „so" will, so fühlt, so erlebt, wer will da etwas dagegen einwenden! Es gibt da in unserer Kultur ein Ethos des „Stehenlassen-Könnens", welches man nicht von vorneherein der Gleichgültigkeit verdächtigen sollte. Denn es wäre in der fast grenzenlosen Vielfalt der Ansichten und Erfahrungen der Menschen unserer Zeit in der Tat unmöglich, wenn alle die gleiche Erfahrung machen oder sich einigen wenigen Erfahrungen anpassen müßten. Nur ist wichtig, daß jeder an eine Stelle kommt, wo er ein beherztes Für-mich-ist-es-wichtig sagen kann. Hier wirkt in unserer kirchlichen Kultur immer noch ein Denkmodell, wonach man sich Wahrheit und speziell religiöse Wahrheit nur in der Weise der immer und überall geltenden und verpflichtenden Allgemeingültigkeit vorstellen kann.

Dem entspricht, daß man heute auch Religion gerne selbst in die Hand nimmt, wenn man religiös ist. Es ist erstaunlich, wieviele auf dem Gebiet der Religion aus eigener Erfahrung und mit eigenen Ansichten mitreden. Damit sind nicht nur die vielen gemeint, die Theologie in einem eigenen Studiengang studiert haben. So etwas gab es selten in der Geschichte der Religion. Allerdings ist noch kein richtiges Modell oder auch Verstehenshorizont gefunden, wie die verschiedenen Zugänge und Beiträge wabenförmig-induktiv zu einem Ganzen zusammengefügt werden können.

Angesichts der Aufgabe in einem theologischen Seminar, eine Arbeit über das Priesterbild des Zweiten Vatikanischen Konzils zu schreiben, spürte ein Priesteramtskandidat die Notwendigkeit, zuerst seine eigene Position ausführlich zu erarbeiten und darzustellen; und dies mit der Begründung, daß er erst danach und ausgehend von dem selbst Erarbeiteten in einen Dialog mit etwas anderem und Fremdem, also mit dem Priesterbild des Konzils, treten kann. Das ist ein nicht untypischer Vorgang. So geht es heute insgesamt um ein Sich-religiös-erst-seiner-selbst-Versichern nach so viel Indoktrination in Elternhaus, Kirche, und vielen Jahren Religionsunterricht in den Schulen, aber auch nach den Jahrhunderten auf Autorität hin aufgenommener religiöser Tradition. Solches gilt besonders für die Religiöseren unter unseren Zeitgenossen, gilt auf jeweils wieder andere Weise aber auch für die Kirchen- und Gottesdienstfremden.

Das Selbstsein hat auch eine religiöse Komponente, ist in der allerletzten Tiefe überhaupt religiös begründet. Und mancher mag mit dem Maler Max Beckmann auch bezüglich seiner religiösen Auffassung trotzig gegen allzuviel Vorschrift und Bevormundung sagen müssen und dürfen: „Ich habe mich mein ganzes Leben bemüht, eine Art Selbst zu werden. Und davon werde ich nicht abgehen und sollte ich in alle Ewigkeit in Flammen braten. Auch ich habe ein Recht." Damit ist auch ausgedrückt, daß je entschiedener jemand seinen eigenen religiösen Weg entdeckt und geht, er unter Umständen desto mehr damit rechnen muß, daß allerlei Ängste aus der Seele hochkommen, vor allem am Anfang eines solchen Weges.

Religion gehört zum Persönlichsten, was der Mensch hat. Dem Menschen persönlich begegnen und ihn werten bedeutet letztlich, ihm an der Stelle des religiösen Selbstseins zu begegnen, bedeutet sich gerade dieser Stelle mit großer Ehrfurcht zu nahen. Ein Großteil der Verletzungen, die Menschen durch die Kirche, durch ihre Vertreter und Vertreterinnen, gleich ob beamtete oder nicht beamtete, bekommen haben, dürfte im Bereich der fehlenden Sensibilität dem Allerpersönlichsten gegenüber zu suchen sein.

Organische Einseitigkeit

Als zentralen Punkt in diesem Vorgang ist die von J. Kentenich betonte organische Einseitigkeit anzusprechen. An dieser Stelle ist immer wieder die Schwierigkeit, daß man dialektisch und zu schnell das Fehlende ergänzt und nervös wird, weil objektiv etwas fehlen oder zu wenig betont sein könnte. Das aus der Seele aufsteigende Leben, auch und gerade das religiöse Leben, ist immer konkret. Und wie alles Konkrete ist es eben nur ein Aspekt, ein Strahl aus der Fülle Christi, würde Pater Kentenich sagen. Es braucht die Anerkennung der Eigenwertigkeit und Würde eines selektiven, subjektiven und perspektivischen Zugangs zur Fülle des Ganzen.

Eigengeprägtheit

Wenn also von Leben die Rede ist, dann geht es hier um die entsprechenden konkreten Inhalte, die das seelische Leben hervorbringt und in denen es sich zeigt, um die Gestaltungen, die es formt. Im Vordergrund meines Interesses steht dabei zunächst einmal das Leben der vom Christentum beeinflußten Seele. Solches Leben ist, wenn es authentisch aus der Seele kommt, von großer Originalität. Dazu gehören mitunter auch seltsame Formen und Betonungen. Es geht ja nicht eigentlich um persönliche Wiedergabe von Gelerntem und Abfragbarem, auch nicht um das intellektuelle Verarbeiten eines Referates oder des Katechismus in einem Arbeitskreis.

Die urtümliche und ureigenste Kreativität der Seele auch im religiösen Bereich ist gemeint. Es kommt insgesamt das Irrationale ins Spiel, auch und gerade irrationale Bilder. An dieser Stelle hat die Kunst unseres Jahrhunderts sehen gelehrt, wie das in der Seele geformte und erschaute unbewußte oder halbbewußte Bild nicht identisch ist mit dem bewußten Bild. So hat z.B. Max Ernst Bilder in dem Zustand gemalt, in dem sie sind, wenn sie eben gerade an der Schwelle, an der Nahtstelle des Übergangs vom Unbewußten zum Bewußten sich befinden. Das bewußte Bild steht in einer eigenartigen Kontinuität mit dem unbewußten Bild und hat in diesem seine Wurzel(!). Gerade im Bereich der Religion, die es noch einmal besonders mit dem Unsagbaren und Unbegreiflichen zu tun hat, müssen wir mit solchen Bildern rechnen, wenn Religion sich subjektiv und persönlich entfalten darf. Dies ist zu allen Zeiten so gewesen, will heute aber als bewußte Aufgabe gesehen werden. Damit entsteht natürlich auch eine pädagogische Aufgabe solchen Phänomenen gegenüber.

Auf solche Vorgänge macht dann vor allem die Tiefenpsychologie aufmerksam, die davon weiß, wie manchmal sehr bizarre Bilder die Kräftefelder der Seele steuern, so ähnlich wie im leiblichen Bereich Enzyme, spezielle Zellen und kleinste Spurenelemente für das Ganze unerläßlich und zentral wichtig sind.

Gemeint ist also die Bewertung von originellem, gewachsenem, gewordenem, eigengeprägtem Leben und seiner „zufälligen" Ausdrucksweisen, Zeichen, Symbole und Verhaltensweisen. Wichtig ist, daß gewordenes Leben festgehalten wird und daß gleichsam von Erfahrungs-Blöcken aus weitergebaut wird, Wachstum und Weiterwachstum möglich ist und daß solches Leben überhaupt entstehen kann und nicht gleich durch allerlei Argumente und Ideen getötet wird. Die Gestalt der persönlichen Religion ist einem authentischen Kunstwerk vergleichbar, das in einem originären Prozeß mit seelischer Notwendigkeit im Künstler geworden ist, den seine ureigenste Intuition drängt, sich so und nicht anders auszudrücken. Die steuernde Frage ist: Wo treibt es die Seele mit ihren religiösen Dimensionen hin? Wohin führt es sie? So gesehen ist Religion der „Geburt" vergleichbar. Dazu paßt gut folgendes Zitat von J. Kentenich: „Die Zeit der Akteure und Schwadroneure ist vorbei und die Zeit der Geburten und Geburtsstätten ist gekommen" (1955).

So unterscheidet Pater Kentenich Lebens- und Ideengeschichte. Erstere ist die Geschichte dessen, was sich bei einem Menschen oder einer Gemeinschaft angelagert und auskristallisiert hat, dessen, was an origineller Substanz entstanden, bewußt festgehalten und gepflegt worden ist. Dagegen ist die Ideengeschichte die Geschichte der Ideen, die ein Mensch oder eine Gruppe bewegt haben. Daneben kann die Aufgabengeschichte genannt werden als die Geschichte der Projekte und Aktionen. Meistens spielt, z.B. in Jahresberichten, auch den kirchlichen, nur diese eine Rolle, während die Lebensgeschichte nicht vorkommt. Dafür fehlen die Kategorien. Ebenso die Praxis.

In den letzten Monaten seines Lebens hatte Pater Kentenich gesundheitsbedingt Zeit, das, was er geschaffen hat, ausführlich und in Ruhe auf sich wirken zu lassen. Sein Kommentar: Karl Rahner und Hans Urs von Balthasar z.B. haben ein theologisches Werk hinterlassen. Ich habe ein Lebensgebilde geschaffen. Das ist es. Immer wieder hat er darauf hingewiesen, daß am Anfang und im Zentrum seiner Gründung nicht so sehr ein Programm und eine Idee stehen, sondern ein Lebensvorgang, der zu einem Lebensstrom und einem Lebensgebilde wurde. J. Kentenich ist nach dem Leitbild der eigengeprägten Lebens-Substanzbildung vorgegangen und hat sich von keiner Kritik davon abbringen lassen. Mit Mut hat er sich schützend vor jede Lebenswerdung und -äußerung gestellt, wenn er sie als echt und von Gott kommend ansehen konnte.

Entsprechend eigengeprägt ist das Lebensgebilde, das er geschaffen hat. Ich nenne als Beispiel den sehr interessanten und originellen Lebensvorgang Krönung der Gottesmutter, oder den Lebensvorgang Mariengarten und den Lebensvorgang Schönstatt-Heiligtum in seinen vielen Varianten. Und insgesamt geht es in der Schönstattbewegung immer wieder in diese Richtung. Neu entstehende Gruppen bilden oft in kürzester Zeit eine deutliche Eigengeprägtheit aus. Es gehört zur Genialität des Gründers, einen solchen Impuls und eine solche Vorgehensweise in seine Gründung hineingegründet zu haben. An dieser Stelle liegt bis heute eine spezielle Schwierigkeit für das Verständnis seiner Gründung. Einer der zentralen Schlüssel zum Verständnis ist in dem Vorgang Lebensgestaltwerdung zu suchen.

Von hier aus kommt insgesamt ein Weltbild in den Blick, wonach auch Kirche, Gesellschaft, Staat und jegliches soziologisches Gebilde als Gebilde von Lebensgebilden, als Organismus verstanden und gestaltet werden. Das bedeutet, als Individuum wie als Gemeinschaft, ein eigengeprägtes Leben zu entfalten und sich dazu zu bekennen. Es bedeutet aber auch, solches in anderen werten zu können, sich an (gestalteter und sich entfaltender) fremder Eigenart zu freuen und mit dieser im Gespräch zu stehen und zusammenzuarbeiten. Eigengeprägtheit also nicht nur als psychologischer, sondern auch als soziologischer Begriff.

Religiöse Identität

Eigengeprägtheit bedeutet Identität. Es gibt allgemein ein geheimes Minderwertigkeitsgefühl in religiöser Hinsicht. Dieses ist Folge von mangelnder religiöser Selbstwerdung. So bekamen die Vertreter einer kirchliche Gruppe in einer Versammlung des eher antikirchlich eingestellten Stadtjugendringes einer Großstadt gesagt: Wenn ihr in Freiheit religiös und kirchlich seid und dazu steht, dann anerkennen wird dies und halten es für richtig. Freiheit ist allerdings gerade auf dem Gebiet der Religion mehr als Entscheidung und Wille. Auch ist es nicht nur die freie Zustimmung zum Vorgegebenen. Es geht auch um den eigenen Stil, um den Typ von Religiosität, die jemand leben will. In dem persönlichen Ansatz artikuliert sich die Freiheit der Zustimmung zum Ganzen. Nur so ist sie eigentlich gegeben.

Wenn man gerade auf dem Gebiet der Religion nie an der Stelle stehen konnte, wo man frei und kreativ sich seine eigenen Gedanken und seine ganz persönlichen Erfahrungen machen konnte, wird man auf diesem Gebiet nie eigentlich frei sein. Hier ist die gängige Vorstellung von religiöser (und sonstiger) Kindererziehung noch einmal zu überprüfen. Wieviel Selbstentdeckung und Selbstwerdung wird geübt und wieviel ist Anlernen und Nachahmen von Vorbild ohne eigentliche Selbstwerdung? Solches bezieht sich am allerwenigsten auf äußerlich Sichtbares wie Kirchgang. Wenn Religion dann nicht doch lediglich ein Über-Ich darstellen soll, geht es ganz zentral um Weckung und Anschluß an die subjektiven religiösen Kräfte der Seele. Religion kann man als Über-Ich „besitzen". Oder sie kann als Identität zum ureigensten subjektiven persönlichen Wesen gehören. Rein äußerlich mögen die beiden Möglichkeiten in vielem ähnlich sein und auch sonst manches gemeinsam haben. Und doch liegen psychologisch gesehen Welten dazwischen. Es gilt heute, Religion in die Kategorie der Identität umzuschreiben. Wenn die jungen Leute aus dem erwähnten Stadtjugendring nach der Freiheit fragen, dann ist damit eigentlich gefragt, ob Religion zur subjektiv-psychologisch gewordenen Identität gehört. Dann muß auch die Antwort als

Identitätsaussage gegeben werden. Und eine solche ist für heutige Menschen verstehbar.

Damit ist unter dem Gesichtspunkt des Religiösen beschrieben, was Pater Kentenich ein innerseelisches oder gemeinschaftliches Lebensgebilde oder auch Lebensvorgang oder Organismus nennt.

Religiöse Tradition

Tradition als gewachsenes Leben

Im Maße die (innere und äußere) Freiheit der religiösen Lebensäußerungen und Ausdruckshandlungen garantiert ist, kommen vor allem auch sehr alte und traditionelle Lebensäußerungen zum Vorschein und zu ihrem Recht. Diese wollen in ihrer Würde anerkannt werden.

Auch in diesem Thema geht es um den Weg „von unten" bzw. von innen, von der religiösen Kreativität her auf das „von oben" bzw. von außen kommende Evangelium zu. Es handelt sich um Lebensäußerungen, die als „induktive Lebensspiritualität" im Lauf der Jahrhunderte entstanden und festgehalten worden sind. Diese historisch gewordenen Lebensobjektivationen, Lebensprägungen, Lebensgebilde oder auch Lebenssynthesen sind gleichsam Ablagerungen der Seele. An ihnen läßt sich das über „Eigengeprägtheit" und „Identität" des Lebens im vorigen Kapitel Gesagte gut belegen.

Besonders auffällig ist dieser Vorgang im katholischen Bereich. Wenn er auch im protestantischen Christentum nicht fehlt, so hat doch dort die Reformation mit ihrem Bildersturm eine starke Unterbrechung der Lebens-

Tradition bewirkt. Auch hat ihre Theologie und Spiritualität den gemeinten Phänomenen gegenüber noch größere Bedenken als es die katholische schon hat.

Die Fülle des Lebens der Tradition ist heute zwar oft nur mehr bruchstückhaft vorhanden. Doch ist in solchen Bruchstücken immer noch vieles enthalten, was einmal lebendig war und Prägungen in der Seele auch der heutigen Menschen bleibend hinterlassen hat. Einzelne Teile haben so immer wieder dann doch die Chance, als Teil eines ehemaligen und noch irgendwie lebendigen Lebensgebildes in eine vorgegebene Ganzheit zurück- und hineinzuverweisen. Sie kommen ja aus dieser Ganzheit.

Beispiele

Als erstes Beispiel nenne ich die Art, wie an Fronleichnam, ganz anders als im biblischen Vorbild, die Einsetzung der Eucharistie gefeiert wird. Das konsekrierte Brot wird als sichtbarer Gott durch die geschmückten Straßen getragen. Die ganze Kultur macht sich dort, wo die traditionelle Fülle noch lebt, gegenwärtig. Das Fest bringt eine sinnenhaft erlebbare Synthese der Erfahrung der Landschaft und Heimat, des sozialen Lebens in den verschiedenen Vereinigungen und Institutionen. Die gewachsene Symbolik eines entsprechenden Raumes wird vergegenwärtigt und gefeiert. Ebenso dabei sind Gerüche (Weihrauch), Geräusche (typische Musik und vieles mehr). Möglichst soll nichts fehlen. Alles ist Ausdruck der Lebenssynthese, die um die Mitte des gold- und edelsteinumrankten Brotes in der Monstranz im Laufe der Zeit organisch sich gebildet hat.

Ebenso sind Advent (Adventskranz) und Weihnachten (Krippe, Weihnachtsbaum, Mispelzweige, Sternsingen, typische Lieder, Schnee und Kälte, Wintersonnwende) solche Lebenssynthesen, die man nicht unbedacht unter den Beschuß durch zersetzende moralisch-theologische Angriffe stellen dürfte. Aus welchem Motiv man dann letztlich das Fest feiert, muß auf sich beruhen bleiben.

Reich an historisch gewordenen religiösen Lebenssynthesen ist die Karwoche (z.B. in Sevilla). Und Ostern selbst ist mit einem Organismus umkleidet, auf den man von der Heiligen Schrift her und ihrer in wenigen Worten zusammenfaßbaren Osterbotschaft nicht kommen würde, wenn einem aufgegeben wäre, eine dem Ereignis angemessene Osterfeier am Schreibtisch zu entwerfen. Ganz vieles, was zunächst nichts mit Ostern zu tun hat, ist hineinverwoben: Das Datum, wonach Ostern am ersten Sonntag nach dem ersten Frühlingsvollmond gefeiert wird, Elemente von sehr alten Frühlingsfesten, die Symbolik des Wassers, des Lichtes (Osterkerze) und der Nacht, Brot und Wein in der österlichen Eucharistiefeier, die den eigentlichen Akzent der Osterfeier darstellt. Ferner gebackene Osterlämmer, bis hin zum Osterhasen und den Ostereiern.

Die zentralen Themen des Christentums haben sich auch sonst in vielfältiger Weise in Leben hinein inkarniert. Das heilige Blut Christi wird verehrt in Blutreliquien und -prozessionen. Wundertätige Kreuze gibt es quer durch die christlichen Länder an vielen Orten. Weiter nenne ich die reiche Vielfalt der in den letzten zwei Jahrhunderten zu großer Blüte gelangten Herz-Jesu-Verehrung.

Viele der Heiligen (besonders deutlich der hl. Antonius und etwa in Argentinien der hl. Cajetan oder der hl. Januarius in Neapel) haben einen reichen Organismus des Brauchtums und der religiösen Vollzüge um sich geschaffen.

Ich nenne ferner den Wettersegen und Segnungen aller Art, Weihwasser, geweihte Kräuter, Blasiussegen. Vieles mehr ist zu nennen.

Überraschend ist die große seelische Mächtigkeit dieser Vorgänge. Die Dinge sind irgendwie „notwendig", psychisch notwendig. Sie wirken vielfach mit der Kraft eines Naturgesetzes. Was ihre konkrete Gestalt anbetrifft, so sind sie von der Kultur vorgeprägte Ausdruckshandlungen der Seele, in die diese hineinschlüpfen kann bzw. aus der sie immer wieder herausschlüpft und neu zurückschlüpft. Beachtenswert ist die Eigen- und Selbständigkeit, mit der solche Dinge vollzogen werden, oft genug sogar im Widerstand gegen die Priester und theologisch Gebildeten. Häufig gibt es hier ein echtes religiöses Subjekt, nach dem die Pastoral heutigen Tages so Ausschau hält.

Unter den Gestaltwerdungen des Lebens der katholischen Tradition spielen die „historisch gewordenen" (J. Kentenich) *marianischen* Gestaltungen und Lebenssynthesen mit ihrer spezifischen Eigengeprägtheit eine besondere Rolle.

Als besonders profilierte marianische Gestaltungen haben Guadalupe und Tschenstochau auf sich aufmerksam gemacht. Aber auch marianische Orte in Deutschland haben vielschichtige und reiche marianische Lebensgebilde und Traditionen hervorgebracht. Ich erinnere an Kevelaer und Altötting und an historisch gewachsene Anrufungen, Titel und Feste, an Krönungen der Gottesmutter (wie z. B. im heutigen Spanien). Als wichtige Marien-Lebens-Äußerung hat sich im Laufe der Jahrhunderte die Marienweihe herauskristallisiert. In ihr weiht sich der Mensch „ganz" und „für immer" Maria und setzt „all sein Vertrauen" auf sie.

Im Rückblick auf die Vergangenheit hat Pater Kentenich besonders deutlich gesehen, daß auf der Ebene des Lebens (nur um diesen Aspekt geht es hier zunächst) der alte religiös-katholische Organismus durch das marianische Element besonders geprägt war, seine Seele in ihm hatte und durch dieses zusammengehalten wurde. Das Marianische war ihr allerwichtigstes Syntheseelement. Die Beobachtung zeigt, daß dieses aus besonders tiefen Wurzeln eigendynamisches und originelles Leben schafft. Umso mächtiger konnte Jesus Christus als gegenwärtig erfahren werden.

Es geht also nicht darum, jede marianische Lebensäußerung biblisch-dogmatisch begründen zu wollen. Gemeint ist vielmehr der lebensmäßige Eigenwert der inner- und außerseelischen marianischen Lebensgebilde, die sich als Organismus verschiedenster Lebensäußerungen um das biblisch-dogmatische Marienverständnis wie ein Leib oder Kleid gebildet haben. Wenn Pater Kentenich hervorhebt, daß Maria Bindungsorganismen schafft, dann ist dies das Ergebnis seiner Lebensgebilde-Beobachtungen, nicht eine dogmatische Aussage.

Etwas Ähnliches hat er an jenem Leben beobachtet, das sich um das Thema *Vater* gebildet hat: Vater in der Naturfamilie, Priester, Bischof, Papst, König und sonstige Autoritäten.

Auch dieses hält er für ein Syntheseelement der alten Kultur, auch und gerade in ihren religiösen Vollzügen. Die Erfahrung des Vaters und des Väterlichen ist äußerst bedeutsam für die Erfahrung Gottes. So steht Gott, besonders im Zeichen seines Namens „Vater", für einen reichen Organismus der Lebensvollzüge.

Die Würde der in unserer Seele vorfindbaren Tradition

Wir sind heute weitgehend der Tradition gegenüber frei, können wählen und uns für oder gegen sie entscheiden. Und doch können wir uns nicht einfach nach Belieben verhalten. Dafür ist die menschliche Seele in ihren Lebensbedürfnissen zu konservativ und ist in der Geschichte zu sehr nach einer bestimmten Richtung geprägt worden. Nicht einfach unbedacht „Ballast" abwerfen! Wir könnten die Nahrung weggeworfen haben, die wir zum Leben dringend brauchen. Wir könnten Teile unserer seelischen Identität mutwillig weggeworfen haben. Und dem Theologen sei gesagt, daß solche Gestaltungen wichtiger sind als manche theologische Wahrheiten. Denn diese sind ohne Verwurzelung in der humusreichen Erde des Lebens sehr wenig gesichert. Sie sind dann uninteressant und (seelisch gesehen) nicht plausibel.

Wer katholische Tradition antrifft, in sich selbst antrifft, wer bemerkt, daß er gegenüber Äußerungen derselben innerlich warm wird und interessiert aufhorcht, sollte solche Stimmen seiner Seele ernst nehmen. Er tut gut daran, sich über Widerstände und Regungen hinwegzusetzen, die sie bagatellisieren und lächerlich machen. Das schließt einen selbständigen religiösen Weg nicht aus, ermöglicht ihn vielmehr. Zu denken geben muß uns, daß nicht wenige sehr gebildete Menschen unsere eigene religiöse Tradition als nicht mehr bedeutend ablehnen, aber aus esoterischen (d.h. sehr alten) Traditionen begierig schöpfen und in religiösen Lebenssynthesen anderer Kulturen finden, was ihre Seele braucht.

Im Prozeß der religiösen Selbstwerdung spielen die in der Seele vorhandenen Elemente der religiösen Tradition eine wichtige Rolle. Und nur zu oft gelingt diese Selbstwerdung nicht, weil man nicht alles, was die Seele an Leben hat, nutzt.

Die fällige Erneuerung und Neuinterpretierung der religiösen Tradition kann man sich leider oft nur so vorstellen, daß man sie reinigt und nicht selten auch zu Tode reinigt. Sie muß neu verarbeitet und gleichsam neu erobert werden. Damit auch der Verstand mitgeht, ist eine tiefere Einsicht in die Gesetzmäßigkeiten des religiösen seelischen Lebens notwendig.

Seelische Kraft des Marianischen

Anschluß finden an die religiösen Kräfte der Seele, diese nützen und wecken ist das Anliegen meiner Überlegungen zur „religiösen Selbstwerdung". Unter die besonders dynamischen religiösen Kräften der Seele darf das Marianische gezählt werden. Ein nordamerikanischer Theologe bezeichnet Maria als „das vielleicht mächtigste Symbol der westlichen Kultur".[4] Wer dies selbst erfahren hat, wird dem ohne weiteres zustimmen. Sie alle will ich unterstützen. Die anderen will ich mit diesem Kapitel ermuntern, hier auf seelische Erkundungsfahrt zu gehen. Wichtig dabei ist, daß wir die Seele tatsächlich in Freiheit sprechen lassen, ohne Angst, daß wir gleichsam theologisch verunglücken könnten, ohne Übertreibungen und Einseitigkeiten zu fürchten.

Situation der Marienverehrung

Spontan rechnen wir mit Marienverehrung und finden sie auch bei ganz bestimmten Personenkreisen: in konservativen Kreisen, bei älteren Menschen, bei Kindern, bei Völkern, die noch mehr einen traditionellen Katholizismus leben. Oder bei solchen, die mehr vom Gefühl her handeln und inspiriert werden. Bei den Armen und Ungebildeten, den Einfachen und Schlichten. Überhaupt im Zusammenhang mit der Volksfrömmigkeit.

Nicht so ohne weiteres vermuten wir Marienverehrung bei Theologieprofessoren und -studenten, bei zeitaufgeschlossenen Seelsorgern und Religionslehrern. Ebenso nicht bei Technikern und Naturwissenschaftlern, überhaupt bei Menschen mit höherer Bildung, bei modernen Menschen, bei solchen, die weite Horizonte haben. Seit die Kirche in den zwanziger und dreißiger Jahren, vor allem in Mitteleuropa, sich allmählich mehr der Moderne geöffnet hat, ist Marienverehrung für den theologisch gebildeten Teil derselben, und das sind viele, sowie für die von diesem Teil beeinflußten Personen immer problematischer geworden. Das Zweite Vatikanische Konzil hat dann die hier gemeinten Strömungen aufgegriffen. Und obwohl es sehr vieles über Maria sagte, ist die Marienverehrung weltweit erst einmal in eine große Krise geraten, von der sie sich seit einiger Zeit wieder erholt hat, aber auch wiederum vor allem in den Schichten der „Volksfrömmigkeit". Man beobachtet, wie Maria beim „Volk" ankommt und fragt sich: Warum? Das darf doch nicht wahr sein, bemerkt ein Theologiestudent angesichts eines regen marianischen Lebens in einer Gemeinde.

Warum darf es nicht wahr sein? Marienbeziehung stört, provoziert, verunsichert. In einem theologischen Seminar darf man davon ausgehen, daß allein die Nennung des Wortes Maria eine allgemeine, durchaus nicht feindliche, aber verunsicherte und unruhige Reaktion hervorruft. Kein Thema braucht eine so umsichtige, abgrenzende, vor Mißverständnissen sich sichernde und rechtfertigende Sprache. Auf diese Weise hat es aber Liebe zur Gottesmutter ausgesprochen schwer.

Man kann von einer Allergie sprechen. Es müssen die Regeln angewandt werden, die für den Umgang mit Tabuisierungen wichtig sind. Es ist etwas verdrängt worden und wie alles Verdrängte wird es als peinlich empfunden, sobald es angesprochen wird. Man kann nicht so einfach darüber reden, wenigstens nicht frei und zustimmend. Es ist hier ein Teil der Religion verdrängt worden, der mehr mit dem Herzen erfaßt und beantwortet wird. Mindestens hat man den Eindruck, daß andere Gebiete der Frömmigkeit demnach nicht so viel mit dem Herzen zu tun haben.

Kritisches Denken

Ein kritisches, dem seelischen Leben mit seinen Eigengesetzlichkeiten skeptisch, autoritär und herrscherlich gegenüberstehendes Denken legt sich oft lähmend und wie ein kalter Reif auf mögliche marianische Regungen und bestimmt, was man hier zu fühlen, zu ahnen, zu lieben hat. Am besten nichts, und wenn es schon sein muß, das vom Verstand in jedem Einzelfall Autorisierte, Begründete und Abgegrenzte. Nirgends empfindet man ein Zuviel als so peinlich wie im Bereich des Marianischen.

Natürlich hat der Verstand eine Menge Gründe auf seiner Seite, biblische, dogmengeschichtliche, die Proportioniertheit der christlichen Spiritualität, ihre Zentrierung um die Mitte Jesus Christus, ökumenische Gesichtspunkte. Das Eigengewicht dieser Argumente muß ernst genommen werden, und ein theologisch Gebildeter veranschlagt dieses selbstverständlich höher als andere Menschen.

Und doch ist es immer wieder die starke Betonung des (theologischen) Denkens, welches dem Marianischen gegenüber besagte lähmende Wirkung hervorbringt. Fast scheint es, daß, wer Maria liebt, (theologisch) nicht denkt. Und daß, wer denkt, Maria nicht lieben kann.

Eigenwert des Seelischen

Maria berührt die Schichten im Menschen, in denen und von denen aus er ganzheitlich denkt und reagiert. Maria sagt uns Dinge, die der Verstand nicht erkennt oder nur sehr trocken und abstrakt. Abstrakte Erkenntnis bringt es nicht fertig, den Zwischenraum zwischen den definierten (abgegrenzten) Punkten zu füllen. So bleiben viele Flächen leer. Dies gilt besonders für die Glaubenswahrheiten. In Maria sind Glaubenswahrheiten zentriert, personalisiert und symbolisiert. Dadurch werden solche Zwischenflächen ausgefüllt, allerdings nicht-begrifflich.

Das Marianische als Darstellung des Ewig-Weiblichen ist eine der mächtigsten Archetypen der menschlichen Seele. Solche haben eine zentrierende und überaus dynamisierende Kraft. Dies hat vor allem C.G. Jung und seine Schule herausgearbeitet. Sie haben es einfach in vielen Seelen beobachtet. Aber gerade die Resultate auf dem Gebiet des Marianischen sind wenig von dem dafür zuständigen denkenden Teil der Kirche rezipiert worden. Auf diesem Gebiet hat in den vergangenen Jahren der theologische Feminismus wichtige Impulse gegeben. Diese sind allerdings wieder weitgehend versandet.

So hält Jung die Verkündigung des Dogmas von der leiblichen Aufnahme Marias in den

Himmel (1950) für eines der wichtigsten Ereignisse in der religiösen Geschichte der Neuzeit. Der Archetyp des Ewig-Weiblichen sei aus dem Unbewußten in das Bewußtsein der Menschen von heute aufgetaucht, aus dem „Schatten" herausgetreten und werde in der Zukunft große Bewußtseinswandlungen hervorrufen. Vor allem hinsichtlich des Platzes, den die Frau in der Kultur einnimmt.

Hier sind konkrete marianische Symbole zu nennen. Maria ist Königin. Schwierig für viele Christen. Krönung ist etwas aus der Vergangenheit, viel Mißliches klebt daran. Und doch werden landauf, landab jährlich eine Unzahl von Königinnen (des Weines, des Tourismus, der Schönheit...) gekrönt. In der Werbung spielt das Symbol der Krone (meistens mehr weiblich gefaßt) eine sehr wichtige Rolle (Bier, Kaffee, Zigarren...). Die menschliche Seele reagiert anders als unser Denken ihr verordnen will.

Das andere marianische Symbol ist die Mutter, das tiefste menschliche Symbol. Maria spricht es an, reinigt es, führt es zur Fülle, klärt und verklärt es. Sie erlaubt, einem Zug der Seele nachgeben zu dürfen, den Erwachsene, und vor allem Denker nicht gerne wahrhaben wollen. Abstraktionen haben keine Mütter, sagt Rahner. Gerade denken macht ja in einem schwer durchschaubaren Sinn erwachsen und will mit dem Kindlichen, das hier angesprochen wird, nichts zu tun haben. Es streift das Kindliche ab, weitgehend aus unbewußten, aber dennoch sehr bestimmt wirkenden Motiven. Bei Maria fühlt man sich dann doch wieder ertappt und muß reagieren. In den Verdacht will man als gebildeter Mensch auf keinen Fall kommen. Ganz im Geheimen ist es dann oft wieder anders. Aber dazu stehen!

Maria schenkt Herz-lichkeit, weckt Gefühle. Solche entwickeln dann ihre Eigendynamik, vor der man sich interessanterweise fürchtet. Wie sieht ein denkender Mensch aus, der liebt, zart, gefühlvoll, sich selber vergessend? Oder gibt es dies nur in der Sexualität? In der heutigen funktionalen und technischen Kultur scheint manches in diese Richtung zu weisen.

In Maria ist alles ganz und gar konkret. Viel zu ungeistig wird der Denker sagen. Gott ist Geist, wenn es schon um Religion geht.

Ein neues Denken

Ist hier also ein Denken am Werk, das Liebe, personale Beziehung und Bindung, Leben nicht mehr mit dem Denken verbinden kann, beides als zwei getrennte Welten betrachtet, zum großen Schaden beider?

Statt eines Denkens, das die Liebe wegdenkt, zer-denkt, um-denkt und das Leben mit seinen Regungen lächerlich macht, es in seiner Schutzlosigkeit verachtet und, wenn es hinderlich ist, zertritt, soll ein neues Denken entstehen: ein ehrfurchtsvolles, der Liebe dienendes, das Leben schützendes und deutendes Denken.

Dazu noch eine Beobachtung. Gerade die Beziehung zu Maria ist durch Denken besonders rasch zerstört oder verunsichert. Die aufkeimende Liebe zu dieser Frau, etwa in einem jungen Menschen, erträgt nicht viel an Kritik und Gegenargumenten. Liebe ist ohnehin scheu, erst recht im Bereich der unsichtbaren Wirklichkeiten und Personen. Sie ist schnell hinterfragt, auf den Platz eines Anwendungsfalls reduziert und eingeebnet und damit zur Idee gemacht.

Deshalb braucht gerade Marienliebe ein ihr entsprechendes Denken und fordert dieses heraus, ein Denken, das diese stützen und rechtfertigen kann. Wie muß man also denken, um Marienverehrung auch denkerisch rechtfertigen zu können und darüber hinaus sie als besonders sinnvoll und richtig zu erkennen und darzustellen (natürlich innerhalb des Glaubens, daß Maria eine reale und wirkmächtige Person ist)? Um diese Frage geht es Pater Kentenich, wenn er Marienbeziehung und organisches Denken in enge Nähe bringt.

Wir müssen ein neues Denken schaffen. Frühere Generationen, die hier keine Schwierigkeiten hatten, haben wohl anders gedacht: ganzheitlich, organisch. So die Aussage Pater Kentenichs. Wir müssen etwas von diesem Denken zurückerobern. Es gleichzeitig aber auf eine neue Bewußtseinsstufe heben.

Maria:
Testfall ganzheitlichen Denkens

Maria ist Kurzformel für „ganzheitliches Denken". Wer sich zu ihr bekennt, bekennt sich damit zu einer ganzen Menge sehr spezifischer Werte. Sie ist Symbol, Verdichtungspunkt.

Sie ist Identitätssymbol für solche, die aus religiöser Mitte heraus dem Leben, dem Seelischen, dem Personalen dienen wollen.

Insofern grenzt sie auch ab. Sie ist wie ein Programm, das aber nicht zunächst zum Verstand redet, sondern, weil sein Inhalt das Ganzheitliche und Personale ist, dies auf ganzheitliche und personale Weise tut. Wer sie verehrt, bekennt sich zu einem Typ von Werten, der heute aktuell und dringlich ist.

Ein solcher darf auch damit rechnen, daß Maria ihm dabei hilft. Sie ist ja nicht tot. Sie ist nicht eine Idee, auch nicht eine im Bild konkretisierte Idee. Sie existiert, lebt. Hier geht die Radikalität des Testfalls noch eine Stufe weiter. Das „Bild", die symbolisierte Idee redet selbst mit. Auch wieder nur faßbar für Leute mit ganzheitlichem Denken. Denn hier geht es in die Bereiche des Ahnens, Glaubens und intuitiven Beobachtens. Auch in den des Geschehenlassens, bei aller eigenen Aktivität.

Wir sprechen mit ihr. Sie spricht zu uns. Das klingt für manche fast schon esoterisch und riecht nach Geisterglauben. Aber sie lebt tatsächlich, macht sich wirklich bemerkbar, hört und sieht uns. Es gehen Einflüsse von ihr aus und von uns zu ihr hin. Das sagt uns allerdings die Offenbarung in Jesus Christus. Auf diese bezieht sich der gnadenhaft geschenkte Glaube. Doch ebenso sind Vorbedingungen im natürlichen Bereich wichtig.

Zweiter Teil
Vorgegebene Religion

Vorgegebene religiöse Räume

Aufgenommen werden durch vorgegebene Religion

In den vorausgegangenen Beiträgen habe ich einen deutlichen Akzent auf das Entstehen von Religiosität aus der Seele gelegt. Auch das Kapitel über religiöse Tradition (Beitrag 5) habe ich unter dem Gesichtspunkt der subjektiven Gegenwart von Tradition in der Seele des einzelnen und von Gruppen dargestellt. Ebenso das Thema Maria (Beitrag 6). Induktive Lebens-Spiritualität von unten bzw. von innen habe ich es genannt, aus der Seele aufsteigende Spiritualität. Das Gesagte sollte für füllig ihr Christentum lebende Menschen ebenso Bedeutung haben wie für diejenigen, die nur eine sehr ausgedünnte Religiosität ihr eigen nennen. Dabei bin ich von der christlich-katholisch geprägten Seele unseres Kulturkreises ausgegangen. Ich hatte damit also das von außen Kommende des religiösen Vorgangs im Blick, habe es aber als solches zunächst nicht ausdrücklich hervorgehoben.

Doch Religion entsteht nicht einfach aus der menschlichen Seele, weder der individuellen noch der kollektiven. Da sind viele Vor-prägungen und Mit-prägungen da. Vorliegendes Kapitel will dieses „Außen" näher betrachten und würdigen. Beides, außen und innen, ist natürlich vielfältig aufeinander verwiesen. Immer ist es ein Ganzes. Allerdings kann der Akzent, sowohl des Beobachters wie des die Religion Lebenden, bald mehr auf dem Innen, bald mehr auf dem Außen liegen.

Religion tritt dem Menschen zunächst in vielfältigen geistig-sinnenhaften ganzheitlichen Vorgaben entgegen. Die menschliche Seele wird von einer geformten und gelebten religiösen Wirklichkeit aufgenommen, angesprochen, gebildet und geschützt. Sie schlüpft und wächst gleichermaßen in die ihr entgegenkommende religiöse Welt hinein.

Heiliger Raum als Haus der Seele

Als erstes weise ich auf die architektonische Form von Religion hin, wie sie in den verschiedenen sakralen Bauten und Räumen zum Ausdruck kommt. Auch in säkularen Kulturen, bilden die Gotteshäuser unübersehbar die Mitte der Städte und meistens auch ihren höchsten Punkt.

Vor allem aber stellen sie einen geistig-seelisch-leiblichen Raum zum Hineingehen dar.

Ein solches Hineingehen, Hinein-sich-Bergen hat entsprechende atmosphärische, in den meisten Fällen nicht bewußt wahrgenommene Wirkungen. Das sei an dem Zeugnis des weltberühmten Bilhauers Rondet verdeutlicht. Was sich normalerweise nicht eigentlich bewußt abspielt, so daß die meisten Menschen es nicht ins Wort bringen können, hat er mit seiner künstlerischen Sensibilität überdeutlich wahrzunehmen und in Worte zu fassen vermocht. Diese können uns helfen, für eigene Erfahrungen auch selbst solche oder ähnliche Worte zu finden. Er schreibt:

„Beim Eintritt in diese alte Kirche ist es mir, als beträte ich meine Seele. Beim Öffnen der Türe erheben sich meine geheimsten Träume und kommen mir entgegen. (...) Und plötzlich, während ich sie immer inniger betrachte, wachse ich über mich hinaus, nehme teil an ihrem Wesen, Ströme von Reinheit und Kraft dringen in mich ein. Die Jugend meiner Seele belebt sich wieder. Zum zweitenmal empfange ich die Taufe und gehe glücklicher aus ihr hervor, durchdrungener von göttlicher Glorie und menschlichem Genie. (...) Diese Offenbarung der Wahrheit bringt mich in Verzükung. (...) Meine wahre Nahrung ist hier in dieser Gruft. Hierher zielt mein ganzes Leben, mein dauerndes Studium. Alle meine früheren Bemühungen waren darauf gerichtet, mir diesen siebenten

Himmel zu öffnen!" (Rodin über seinen Besuch der Kirche von Melun, Frankreich).[5]

Um ein weiteres Beispiel zu nennen: Wer in Schönstatt war oder oft ist, erlebt die Anbetungskirche als einen seine Seele aufnehmenden, bildenden, herausfordernden Raum. Erst recht natürlich die Schönstatt-Kapelle. Ihre vervielfältigte originalgetreue Nachbildung bringt einen bestimmten Typ von Seelenprägung und -ausdruck hervor bzw. nimmt ihn auf und birgt ihn. In der Spiritualität Schönstatts wird die kleine Kapelle als Heiligtum erfahren und wird zum Bild des Heiligtums, welches die menschliche Seele ist, zur Metapher des zentralen Innern des Menschen. Was an dieser Stelle erarbeitet ist, gilt für jeden sakralen Raum.[6]

Hier gibt es die unterschiedlichsten Erfahrungen. Je nachdem nimmt mich ein heiliger Raum mütterlich auf, hüllt mich ein in einen intensiven Bilder- oder Farbenreichtum (z.B. Barockkirchen, verschiedene Wallfahrtsorte mit ihrer gewachsenen Fülle). Oder die Aufnahme ist nüchtern wie z.B. in manchen romanischen Kirchen. Auch das kann der Seele gut tun. Sie fühlt sich dadurch geordnet, ausgerichtet, auf das wenige wirklich Wesentliche hingewiesen und zentriert. Oder der Mensch fühlt sich regelrecht nach oben gezogen wie speziell in gotischen Gotteshäusern.

Die Wirkung kann die der Befreiung sein. Moderne Formen des Kirchenbaus haben vielen ein religiöses Befreiungerlebnis geschenkt. Es ist die innere Erkenntnis, daß manches, auch auf dem Gebiet des Religiösen, Ballast ist, der nicht mehr „stimmig" ist. Geschenkt wird ein Aufleuchten der Möglichkeit neuer Horizonte des Religiösen. Die Sehnsucht nach Einfachheit, Klarheit, Reinheit, Nüchternheit, Wesentlichkeit wird angesprochen. Es entsteht ein Leerraum, der Freiraum ist, den der einzelne selbst füllen darf, in den hinein er religiös-psychisch kreativ und schöpferisch werden kann. Allerdings dies dann auch soll.

Aber gleichzeitig, oder hinterher, stellt sich die Frage: Wieviel Übersichtlichkeit, Klarheit und Ordnung ist dem seelischen Leben dienlich und erträgt der Mensch gerade im Bereich des Religiösen? Das Leben der Seele hat, wie die Liebe, seine eigenen Bedürfnisse des Ausdrucks, seine sehr eigenen Assoziationen und Bilder. Wieviel Irrationales, Bildhaftes, Konfuses, Labyrinthartiges will und darf die Seele des Menschen vorfinden, um sich in ein solches Haus, als ihr Haus hineinergießen, hineinverströmen zu können? Und um sich nicht nur nicht zurückgewiesen zu erleben, sondern gewürdigt, ermuntert, auf- und angenommen. Und dies eben als Seele, nicht als rationaler Geist, so sehr dieser auch zu ihr gehört. Als blutvolle und lebendige Seele mit ihren vielfältigen hell-dunklen, konfus-klaren, entschieden-unentschiedenen, gedrückten und gleichzeitig aufgerichteten Seelenlagen.

Von hier aus die Aufgabe, der Wirkung, die sakrale Räume auf mich haben, nachzugehen und bewußt meine Räume zu suchen und zu finden. Und je nach seelischer Situation, sie immer wieder zu besuchen und dabei auch ein Stück weit bewußt zu erleben, wie so ein heiliger Raum tatsächlich Wohnung meiner Seele ist, meiner religiösen Seele mit ihrer ganz individuellen Eigenart und der speziellen Phase, in der sie sich in einem bestimmten Moment befindet.

Hier werden wir dann auch erkennen können, daß Religion immer auch gleichzeitig Psychologie ist. Das haben frühere Kulturen gewußt. Sie haben es allerdings nicht benennen können. Heute kommt es darauf an, daß solches auch bewußt gemacht und aus einem solchen Bewußtsein heraus gepflegt wird. Sonst verlieren wir es, haben es bereits verloren. Oder es wird zur leidigen religiösen Pflicht, wo es doch im Grunde genommen ein Bedürfnis der Seele stillt, Lebenshilfe und Quelle großer Freude sein könnte. Aber solche Dinge kann man halt nicht machen, nicht kaufen, auch nicht studieren. Man muß sie einüben in einem sehr aufmerksamen und feinen Hören auf die Seele.

Das ist dann wieder ein subjektiver Vorgang. Doch ist hier die Subjektivität gleichsam an die Hand genommen. Sie wird aus sich herausgeführt. Sie begegnet dem ihr vorgegebenen Objektiven, dem Wahren und Richtigen. Dieses ist zwar auch in ihr selbst zu finden. Und doch wird oder bleibt das Selbst, speziell das religiöse Selbst, ohne solche Begegnungen mit dem von großen religiösen Menschen geschaffenen Gestaltungen des Religiösen dumpf, eng, ichsüchtig und verliert sein Maß. Immer wieder haben die Menschen in den besonders gelungenen architektonischen Gestaltungen eine Offenbarung der göttlichen Weisheit, Harmonie und Schönheit gesehen. Solche Begegnungen tun der religiösen Seele gut und befreien sie von einer allzustarken Betonung des eigenen Selbst und des einseitig Subjektiven.

Religion als Bilderkosmos

Als zweiten Faktor nenne ich die Welt der religiösen Bilder. Sie sind Darstellungen des Geheimnisses Gottes, Gottes als des Vaters, Herrschers, Lenkers aller Dinge. Sie sind Darstellungen der Manifestationen Gottes im Heiligen Geist und der Person Jesu Christi. Und da ist vor allem das Kreuz in seinen vielfältigen

Ausdrücken. Ebenso die Darstellung des auferstandenen Jesus. Letztere allerdings ist relativ seltener im Vergleich zur Häufigkeit des Kreuzes. Warum eigentlich? Dann Maria als die Mutter mit dem Kind. Sie ist geradezu allgegenwärtig in unserem christlich-katholischen Bilderkosmos. Ebenso die leidende Mutter Jesu. Dann die vielen, oft sehr originellen, Bilder der Heiligen als Darstellung des göttlichen Geheimnisses, wie es in einem Menschen Gestalt angenommen hat.

Die persönliche Religiosität wird von solchen Bildern zutiefst geprägt, normiert, angeregt, angereichert. Dies geschieht weitgehend unbewußt. Auf die Reaktion der Seele hören, diese entsprechend festhalten, ihr Raum und Entfaltungsmöglichkeiten geben, nicht zuletzt auch dadurch, daß man seine Lieblingsneigungen auf dem Gebiet der religiösen Bilder entsprechend entdeckt und pflegt. Auch hier gilt, daß alles, was heute nicht auch bewußt und absichtlich festgehalten und gepflegt wird, untergeht oder nicht so recht zustandekommt. Behutsame und aufmerksame eigene Erfahrung ist nötig. Nur mitmachen genügt nicht. Jeder selbst ist für seinen Ort in dem ihm entgegenkommenden Bilderkosmos zuständig; für den Ort, an dem er sich religiös gerne einrichtet und er es sich religiös besonders gut gehen lassen kann.

Ein Beispiel aus der großen Literatur soll die Bedeutung des vorgegebenen Bilderkosmos unterstreichen: „Übrigens werden Sie zugeben, daß der Schluß (des Faust), wo es mit der geretteten Seele nach oben geht, sehr schwer zu machen war und daß ich, bei so übersinnlichen, kaum zu ahnenden Dingen, mich sehr leicht im Vagen hätte verlieren können, wenn ich nicht meinen poetischen Intentionen durch die scharf umrissenen christlich-kirchlichen Figuren und Vorstellungen eine wohltätig beschränkende Form und Festigkeit gegeben hätte."[7] Damit ist das Anliegen dieses Beitrags sehr gut verdeutlicht. Es soll ja gezeigt werden, daß der Mensch mit seinen religiösen Bedürfnissen nicht einfach sich selbst überlassen sein darf.

Religion als Klangraum

Als Drittes nenne ich die religiöse Musik. Auch durch sie entsteht ein vorgegebener Raum. Vielleicht können wir uns den Raum in Erinnerung rufen, als welchen wir in einem bestimmten Moment die Matthäus-Passion oder das Weihnachtsoratorium von J.S. Bach erlebt haben mögen. Oder den Raum einer Orchestermesse. Aber auch bei Liedern aus dem Gotteslob (und anderen) entsteht ein solcher Raum. Erstaunlich, wieviel Kultur um die Orgel herum entstanden ist und wieviel in sie investiert wird. Sie schafft einen eigenen Klangraum und ist anders als alle anderen Instrumente fast ganz auf das Religiöse begrenzt bzw. geöffnet. Einen Klangraum bilden auch die in unserem Land allgegenwärtigen Glocken. Oft werden sie mit „der Heimat" zusammengenannt. Sie sind die „Glocken der Heimat". Allem Anschein nach werden sie als heimatbildend erfahren. Als etwas, was die Seele aufnimmt, ihr ein Gehäuse gibt. In diesem kann sie schwingen, sich ausschwingen, einschwingen, darin leben und zu sich kommen.

In der Neuzeit ist besonders stark das protestantisch-christliche religiöse Erleben durch den Klangraum geprägt. Dies entspricht der Aussage des Paulus, daß der Glaube vom Hören kommt. Und wenn man sagt, daß die Indianer durch die Musik zum Christentum gebracht wurden, dann gilt dies für die Deutschen, speziell für heute, nicht weniger. Insgesamt ist die protestantische religiöse Kultur dem Bilderraum gegenüber eher negativ eingestellt. Umso mehr ist sie dem Klangraum geöffnet. Die Sinnenhaftigkeit des Bilderraumes hingegen gilt als typisch katholisch.

Religion als liturgischer Raum

Schließlich nenne ich den Raum der Liturgie. Vieles setzt ihn zusammen und baut ihn immer neu auf: Ihr Ritual, ihre Ordnung, Inhalte, Symbole, Farben und Wiederholungen. Inbegriff des Raumes, der in der Liturgie entsteht, ist die jährliche Feier der Osternacht. Die liturgischen Zeiten, wie Advent, Weihnachten, österliche Bußzeit, Ostern selbst und die österliche Zeit bis Pfingsten bilden eigene Räume für die Seele, speziell auch ihres Zeitempfindens. Wichtig dabei ist die Prägung durch Farben und spezielle Lieder und Töne.

Zu nennen ist aber auch der Raum eines Totengottesdienstes, einer Taufe, der Erstkommunion, einer Hochzeit, einer Priesterweihe. Auch das alltägliche und sonntägliche Ritual der Eucharistiefeier ist ein Raum, in den der Mensch hineingehen kann, Stütze erfahren kann, Ausrichtung, Deutung dessen, was in ihm an eigenständiger Religion lebt.

Hilfe zur religiösen Selbstwerdung

Wir dürfen mit unseren religiösen Gefühlen und Vorstellungen nicht allein gelassen werden, uns nicht abkoppeln von auf uns zukommenden vorgeformten religiösen Erfahrungen anderer. Dies zu sehen ist in einer Zeit des religiösen Irrationalismus sehr wichtig. Diese Kommunikation ist ein wirksamer Schutz der religiösen Seele gerade auch vor sich selbst. Der religiös sich selbst überlassene Mensch ist vielen Gefahren ausgesetzt. Es gibt nicht nur die Gefahr des Absterbens des Religiösen, sondern auch die des unkontrollierten und maßlosen Wucherns. Beides ist schädlich für den Menschen.

In dieser Publikation geht es sehr zentral um das selbständige Hören auf die Religiosität in der eigenen Seele. Umso stärker wollte ich in diesem Kapitel auf den notwendigen Dialog, auf das ebenso kritische wie vertrauensvolle Gespräch mit dem Religiösen, insofern es vorgegeben ist, hinweisen. Von dem über den subjektiven Weg Gesagten soll dabei nichts zurückgenommen sein. Es ist wichtig, daß man die verschiedenen Räume des Religiösen mit eigener religiöser Identität betritt und in ihnen diese nährt, aber auch überprüft. Oft wird die vielfach verschüttete Religiosität überhaupt erst aufbrechen müssen in der Begegnung mit religiösen Räumen. So wird man auf dem Weg der religiösen Selbstwerdung weiterkommen und gleichzeitig immer mehr seinen eigenen Platz in einem größeren religiösen Ganzen finden.

Vorgegebene religiöse Lehre

8

Im vorausgehenden Kapitel habe ich auf leiblich-seelisch-geistig-religiöse Räume hingewiesen, die wichtig sind für die aus der Seele aufsteigende Religiosität, mit der sich die ersten Kapitel schwerpunktmäßig befaßt haben.

Eine andere Art der Vorgabe, die es zu berücksichtigen gilt, ist die lehrhaft-begrifflich-dogmatische. Gemeint sind die in Dogmen und festen Lehren formulierten religiösen Vorstellungen und Gedanken. Heute erscheinen diese vielen als der subjektiven Spiritualität hinderlich. Das gilt es ernst zu nehmen. Das ist in dieser Schrift von ihrem ganzen Ansatz her geschehen. Und doch soll auch „die andere Seite" gehört werden. Ich will ein Plädoyer für die Wichtigkeit solcher Vorgaben formulieren.

Plädoyer für die Wichtigkeit lehrhafter religiöser Vorgaben

Das Geflecht eines Systems von festen religiösen Lehren ist einem aufnehmenden seelisch-geistigen Raum vergleichbar, ähnlich dem architektonischen, bildermäßigen, musikalischen und liturgischen Raum. Es ist wie ein Netz, das den Fall auffangen kann oder wie ein

Gerüst zum Sich-Festhalten, wenn die religiösen Gefühle und Vorstellungen ausufern und ihr Maß verlieren. Es kann auch mit einem Gefäß verglichen werden: „Die Kirche ist z.B. ein solches 'Gefäß', denn sie sorgt für eine Möglichkeit, christliche religiöse Werte und Vorstellungen durch ein dogmatisches System zusammenzuhalten. Psychologisch hat das 'Gefäß' mit Ideen und 'Auffassungen' zu tun, die wir zusammenzuhalten und davor zu bewahren versuchen, sich ins Leben hineinzuverflüchtigen, denn das Gefäß kann solche Dinge halten, so daß sie nicht verlorengehen".[8] Damit stellen die vorgegebenen Lehren eine Grundsicherung für die religiöse Seele und die Seele überhaupt dar. Sie können auch „eine kühlende Wirkung auf die Seele ausüben"[9], wenn sie gerade im religiösen Bereich zu sehr „erhitzt" ist.

In solchem Zusammenhang ist die Aussage J. Kentenichs zu verstehen, wenn er sagt: „Sie wissen, wie streng ich persönlich immer halte auf dogmatische Klarheit. Ist eine Wahrheit einwandfrei bloßgelegt und klargestellt, so ist auch die Bildersprache nicht mehr so verfänglich".[10] Die Seele kann sich gefahrloser auf das Gebiet der religiösen Kreativität und Selbstwerdung begeben, wenn sie durch das grundsätzliche Festhalten an einer objektiv vorgegebenen Lehre eine Mindestsicherung hat. „Ohne gesunde Metaphysik sind wir immer der Gefahr ausgesetzt, daß wir die Heilige Schrift subjektivistisch deuten"[11], d.h. willkürlich allerlei in sie hineinlesen. Subjektivistisch ist nicht das Gleiche wie subjektiv (oder besser „persönlich"), wie es in dieser Publikation befürwortet wird.

Schutz der Seele vor sich selbst

Das feste System der Religion will den Verstand ansprechen und auch ein Stück weit zufriedenstellen, auch sein Bedürfnis nach Geheimnis (auch dieses hat er).

Es will die Seele aber auch vor sich selbst schützen. Gerade auf religiösem Gebiet ist die sich selbst überlassene Seele großen Gefahren ausgesetzt. Wenn der Mensch seinen religiösen Gefühlen, Wallungen, Vorstellungen und Ängsten gegenüber allzu allein gelassen ist, kann er gerade an dieser Stelle leicht auf Irrwege geraten. Dies geschieht in manchen Teilen unserer Kultur in beachtlichem Ausmaß. So warnt J. Kentenich schon 1949 vor „religiösem Irrationalismus und betäubendem Mystizismus".[12] Was würde er erst heute zu manchen religiösen Strömungen und Verhaltensweisen in unserer Kultur sagen? Im Zusammenhang mit dem spezifisch katholischen Raum ist er immer wieder dafür eingetreten, daß die heutige Spiritualität sich möglichst wenig an Erscheinungen mit ihren vielfältigen Botschaften orientiert und einen „nüchternen" Glauben praktiziert. Aber auch im Zusammenhang mit dem „praktischen Vorsehungsglauben" kommt bei J. Kentenich das Beiwort „nüchtern" sehr häufig vor. Auch dieser kann die Gefahr mit sich bringen, subjektivistische Deutungen absolut zu setzen und zum Maßstab des Handelns zu machen. „Nüchtern" bedeutet allerdings nicht emotions- und herzlos.

So kann J. Kentenich schreiben: „Realistische Frömmigkeit steht bei aller Zartheit, Innigkeit und Tiefe unerschütterlich auf dem Boden einer objektiven Ordnung, an der sie sich allezeit orientiert. Das tut sie auch, das tut sie besonders bei der Marienverehrung, weil diese geeignet ist, das Gemüt anzusprechen und deshalb die Gefahr in sich schließt, in Wildwuchs auszuarten, wenn sie nicht von einer fest verankerten objektiven Ordnung gehalten und geleitet wird".[13]

Und zur Wirkweise seiner Spiritualität: „Es wird uns aufgegangen sein, daß die Originalität unseres ganzen religiösen Lebens und Strebens oder die Originalität unseres aszetischen Systems eine volle Verwirklichung, Verlebendigung der Dogmatik war und ist. Was heißt das: eine volle Verwirklichung der Dogmatik? Das war von Anfang an das klar erkannte Ziel. Wir wollen nicht blind dem religiösen Trieb folgen, wollen nicht nur irgendeinen Lebensvorgang herausgreifen; für uns ging es immer darum, die ganze Dogmatik zu verwirklichen".[14] J. Kentenich ist zwar von der Seinsordnung ausgegangen. Gleichzeitig hat er aber auch das Leben wachsen lassen. Im Laufe der Zeit stellt er fest, daß das Leben tatsächlich ein getreues, allerdings originelles Spiegelbild, der „ganzen Dogmatik" geworden war. Dies muß man sehen, wenn man obiges Zitat nicht mißverstehen will.

Weil es Religion mit dem Absoluten zu tun hat, werden all jene Stellen absolut, an denen sie wirklich ins Leben greift. Die Gefahr des Extremismus und der unerleuchteten Radikalität ist immer gegeben, sobald Religion wirklich lebendig ist und keine Norm in einer festen Lehre hat. Dies kann umso mehr der Fall sein, wenn sie allzu lange Zeit keine Rolle gespielt hat und in einem bestimmten Moment mächtig aufbricht. Hier sei noch einmal an die Nüchternheit des Glaubenslebens erinnert. Ebenso an die kentenichsche Lehre vom „Maß" in der Religion. In seinem zentralen Spiritualitätsbuch „Werktagsheiligkeit" ist „maßvoll" ein besonders häufiges und typisches Wort. Auch gilt, daß Religion ohne Gemeinsinn besonders vielen Gefahren ausgesetzt ist.

Vertrauen in den Zusammenhang von vorgegebener christlicher Lehre und der Religiosität, die aus der Seele kommt

Im tiefsten entsprechen sich die vorgegebenen christlichen Lehren und die religiösen Bedürfnisse der Seele. Dies haben manche Psychologen (z.B. C.G.Jung) sehr deutlich herausgearbeitet. Sie bleiben allerdings bei einer Deutung der Religion als einer rein innerseelischen Erscheinung stehen. Die Aussage, daß es sich bei den religiösen Inhalten auch um etwas der Seele Vorgegebenes handelt, ist ihnen nicht möglich. Beides stimmt: Die vorgegebene religiöse Wirklichkeit bildet sich in der Seele ab. Gleichzeitig wird sie von der Seele aus in einer entsprechenden Perspektive gesehen. Diesen Sachverhalt hat J. Kentenich „Weltanpassungsgesetz" benannt. Nach diesem paßt sich Gott in seiner Offenbarung und übernatürlichen Ordnung den Bedürfnissen der Seele an. Diese hat er aber im Vorhinein auf die übernatürliche Ordnung und Offenbarung hin geschaffen. So gibt es eine Kontinuität zwischen dogmatischen Formulierungen und den Vorstellungen, Sehnsüchten und religiösen Verhaltensweisen der Seele. Letztlich entsprechen die vorgegebenen Lehren einem Bedürfnis der Seele. Dies allerdings nur, wenn sie nicht abgespalten und in ein seelen- und bewußtseinsjenseitiges Sondergebiet verlagert werden. Insofern diese Kontinuität besteht, wecken die religiösen Lehren nicht nur die Seele, sie schützen sie auch vor sich selbst.

Religion ist eben auch Psychologie, auch wenn sie objektiv in sich stehende Wirklichkeiten repräsentiert. Diese spiegeln sich aber in der Seele. Insofern sind diese Wirklichkeiten Deutungen der Seele, sind Gehäuse für sie. Sie wachsen aus ihr heraus und in sie hinein. Dies geschieht in individuellen Prozessen stets neu. Ebenso in jahrhundertelangen kollektiven Prozessen, in denen jede neue Generation schicksalhaft steht. Wir können davon ausgehen, daß die Seele der Menschen der westlichen Welt christlich geprägt ist, ob sie es weiß oder nicht.

Diese Entsprechung ist in der Vergangenheit nicht zum bewußt gesehenen Thema geworden. Sie blieb im wesentlichen unbewußt, unthematisch, unreflektiert, „funktionell" (J. Kentenich). Heute jedoch muß sie ins Bewußtsein gehoben werden. Das setzt allerdings voraus, daß man nicht vorschnell Angst hat, die christlichen Lehren den Deutungen der Seele preiszugeben. Das ist die eine Seite. Auf der anderen Seite setzt dies voraus, daß nicht Angst oder Allergie gegenüber den Lehren die Oberhand bekommt.

Aufgabe ist es, die diesen Vorgang leitenden Lebensgesetze zu entdecken, zu formulieren und sich von diesen bewußt leiten zu lassen und gleichzeitig die Spontaneität des religiösen Lebens in seiner Eigendynamik zuzulassen.

Partnerschaftliches Gespräch zwischen der „von außen" und der „von innen" kommenden Religion

Welche Reaktion weckt im Menschen die vorgegebene lehrhaft formulierte Religion? Im einen Fall wirkt sie vertraut, lockend, wärmend, weitend, aufmunternd, weiterführend. Es gilt, die Seele bei ihren persönlichen, subjektiven Reaktionen zu beobachten, diese zu würdigen und ernstzunehmen und ihr Wachstum zu pflegen.

Die vorgegebene Religion kann aber auch fremd, starr, kalt, leer wirken. Es ist wichtig, diese Spannung wahrzunehmen und zuzulassen. Das erfordert klare Erkenntnis über den jeweiligen Stand, in der sich die subjektive Aufnahme der Religion in einem Menschen befindet. Die Anpassung an sie darf ruhig etwas kosten. Es ist wichtig, sich auf die religiösen Vorgaben immer wieder einzulassen, diese als Faktum festzuhalten und sich der Auseinandersetzung zu stellen. Aus einer solchen Spannung kann immer wieder religiöser Strom entstehen. „Festhalten bis die Beziehung fließt", heißt es in der Festhalte-Therapie. Dies gilt auch für den religiösen Bereich. Zum richtigen Verständnis dieses Vorgangs sei noch einmal daran erinnert, daß es mir hier nicht um theologische oder gar wissenschaftliche Auseinandersetzungen geht, sondern um den psychologisch-seelischen Vorgang des Religiösen.

Öfters wird die vorgegebene Lehre zum kritischen Prinzip werden, zur Anfrage an die persönliche religiöse Seelenlage, eine Aufforderung zum kritischen Dialog mit den persönlichen religiösen Vorstellungen und Gefühlen.

Das Gespräch zwischen Seele und religiösen Vorgaben findet natürlich auch nicht-begrifflich auf der Ebene der räumlichen Vorgaben statt, wie sie im vorigen Kapitel Thema waren. Es ist nicht gleichgültig, welchen religiösen Bildern und Räumen sich jemand aussetzt. Die einen können eine läuternde, reinigende, befreiende, klärende Wirkung haben. Andere hingegen verwirren und gefährden.

Bewertung

In diesem Kapitel ging es mehr um die Gefahren der subjektiven Religion. Die Gefahr der vorgegebenen Lehre dagegen ist, daß sie den Menschen nicht berührt, daß sie keinen Anschluß findet an die religiösen Kräfte der Seele, wie ich es im ersten Kapitel als Programm formuliert habe. Das Religiöse wird durch Sätze und Formeln oft als zu eingegrenzt erfahren. Die lebendige Erfahrung Gottes und des Göttlichen kann dann nicht zustandekommen. Wo die größere Gefahr liegt, muß im Einzelfall gesehen werden. In keinem Fall reicht es, einfach die „wahre" und „gesunde" Lehre zu verkündigen. Das religiöse Leben braucht eine entsprechende Lebenspädagogik. Das Lehrhafte ist allerdings ein wichtiges Element derselben.

Dritter Teil
Ganzheit des Religiösen

Der Organismus des Religiösen

Religion von innen (von unten) und Religion von außen (von oben)

Die Beiträge dieser Publikation haben als Leitmotiv „religiöse Selbstwerdung". Man könnte beifügen: durch ganzheitliche Religiosität. In den Kapiteln 1-6 habe ich einen deutlichen Akzent auf das Umgehen mit der in der Seele vorfindbaren und aus ihr aufsteigenden Religiosität gelegt. Induktive Lebens-Spiritualität von unten habe ich es genannt, aus der Seele aufsteigende Spiritualität. Das Gesagte sollte für füllig ihr Christentum lebende Menschen ebenso Bedeutung haben wie für diejenigen, die nur eine sehr ausgedünnte Religiosität ihr eigen nennen. Religion sollte dadurch als Teil des Selbst und der Selbstwerdung in den Blick kommen.

Wie oben schon dargestellt entsteht Religion nicht einfach aus der menschlichen Seele. Viele Vorprägungen und Mitprägungen, die von „oben", von „außen" kommen, sind ebenfalls in den Blick zu nehmen. Die menschliche Seele wird von einer geformten und gelebten religiösen Wirklichkeit aufgenommen, angesprochen, gebildet und geschützt. Sie schlüpft und wächst gleichermaßen in die ihr entgegenkommende religiöse Welt hinein. Religion tritt dem Menschen in vielfältigen geistig-sinnenhaften ganzheitlichen Vorgaben entgegen. Das war das Thema der Beiträge 7 und 8.

Beides, außen und innen, ist natürlich vielfältig aufeinander verwiesen. Immer ist es ein Ganzes. Allerdings kann der Akzent bald mehr auf dem Innen, bald mehr auf dem Außen liegen. Das war auch die Voraussetzung bei den Kapiteln, denen es darum ging, Anschluß zu finden an die religiösen Kräfte der eigenen Seele und die dafür den inneren Vorgang schwerpunktmäßig im Blick hatten. Dort bin ich de facto von der christlich-katholisch geprägten Seele unseres Kulturkreises ausgegangen. Ich hatte damit also zwar das von außen Kommende des religiösen Vorgangs mit im Blick, habe es aber als solches zunächst nicht ausdrücklich hervorgehoben.

In der Terminologie Pater Kentenichs geht es beim inneren Vorgang um das Verhältnis von (religiöser) Idee und (religiösem) Leben. Beim äußeren Vorgang um den von außen auf die Seele einwirkenden Gott-Schöpfung-Zusammenhang. Dafür benützt er die Ausdrucksweise: Zusammenwirken von Erst- und Zweitursache. Dabei geht es ihm vor allem um den psychologischen Vorgang dieses Zusammenwirkens und seiner Wirkung in der Seele des Menschen. Seine Kurzformel ist „Psychologie der Zweitursachen".

Gott und Schöpfung gleichzeitig verehren

Gott ist unsichtbarer, unvorstellbarer Geist. Auch die verschiedenen christlichen Inhalte sind zunächst geistiger Art: Erlösung, Menschwerdung, Gnade, Wirkung der Sakramente, Einwohnung Gottes... Wenn der Mensch sich auf diese beziehen will, dann geschieht es in seinem Geist (Verstand und Wille). Geist erkennt Geistiges. Das Irrationale im Menschen, seine Gefühle, seine Seele (im psychologischen Sinn) kann sich auf den geistigen Gott und alles Göttliche nicht unmittelbar beziehen. Sie sind auf das sinnenhaft Wahrnehmbare ausgerichtet. Ebensowenig kann der Leib (und damit der Mensch überhaupt) den geistigen Gott hören, sehen, tasten, riechen, schmecken.

Solches ist nur möglich, wenn Gott sich und seine Offenbarung durch sinnenhafte Geschöpfe sichtbar und sinnenhaft erfahrbar macht. Sie also in den Vorgang seiner Mitteilung und Offenbarung miteinbezieht. Das hat Gott in seiner Schöpfung getan. In dieser schafft er sich gleichsam einen Leib, wird sichtbar, hörbar, betastbar, riechbar. So ist die Schöpfung vom religiösen Denken aller Kulturen immer auch aufgefaßt worden. Die christliche Offenbarung führt dies fort und setzt es voraus: Gott ist in Jesus Christus „leibhaftig" gegenwärtig. Verdeutlicht und verstärkt wird dies in denen, die besonders nahe bei Christus sind: Maria, die Heiligen, Priester, sakramentale Zeichen, Eucharistie, Gotteshäuser. Es entsteht insgesamt ein ganzes Gefüge von personalen, dinglichen, zeichenhaften Sichtbarmachungen, die einen mehr diesseitig-irdisch, die anderen mehr jenseitig-himmlisch. An dieser Stelle verwendet J. Kentenich die Terminologie „natürlicher und übernatürlicher Bindungsorganismus in ihrer gegenseitigen Ergänzung und Durchdringung". Während der natürliche Bindungsorganismus die Schöpfung meint, meint der übernatürliche Organismus die Welt des mystisch fortwirkenden und anwesenden Leibes Christi mit seinen vielfältigen mit Schöpfung verbundenen Erscheinungsweisen.

Gott und Schöpfung, Gott und konkrete Geschöpfe gehören zusammen, müssen zusammengesehen werden. Es kommt auf eine Gesamtschau an. Die Hingabe, die Liebe, das Vertrauen gehört immer beiden zusammen. Hierfür benützt J. Kentenich gerne den Ausdruck „doppeltes Objekt" der Liebe. Die Gottesliebe hat immer einen doppelten Adressaten. Aber auch die Menschenliebe hat Gott als Mitadressaten.

Oder er spricht vom Lebensvorgang Gott, dem Lebensgebilde Gott oder dem Organismus Gott. Hierher gehört die Thematik des Gottesbildes. Es ist wichtig, daß eine ganzheitliche Sichtweise der Zusammengehörigkeit von Natürlichem und Übernatürlichem und ihrer inneren Durchdringung subjektiv ein möglichst ganzheitliches natürlich-übernatürliches religiöses Leben ermöglicht.

Es gilt, das Ganze zu sehen, zusammenzusehen. Zu sehen, wie Gott und Schöpfung in unterschiedlichen göttlichen und schöpfungsmäßigen Prägungen aufeinander verweisen. Das ist der Sinn der „prophetischen Ding- und Menschengebundenheit", wie es J. Kentenich nennt. Die Schöpfung ist durchsichtig auf Gott. Gott ist in ihr. Sie ist in Gott hineingehalten. Sie weckt den Menschen in seiner leib-seelischen Ganzheit und leitet ihn weiter auf Gott, indem sie gewissermaßen einen göttlichen Gehalt freigibt, eine göttliche Innenansicht. Auch da, wo sie durch Enttäuschung auf Gott weiterleitet, tut sie es wegen ihres grundlegenden Zusammenhangs mit Gott.

So ist Pater Kentenich zum einen gegen die angetreten, die das Irdische vergötzen. Aber besonders typisch ist für ihn - und hier hat sein Denken ein eindeutiges Gefälle- sein Kampf gegen Auffassungen, die vertreten, die eigentlich wahre Religion sei die am meisten vergeistigte und spiritualisierte. Er hat beobachtet, daß je geistiger Gott und Göttliches gesehen werden, desto schneller die Gottesbeziehung gleichsam verdunstet und der Schritt zum Atheismus gemacht wird; daß in einem solchen Vorgang der Gottesglaube auch des aktiv Kirchlichen an Vitalität und Wirklichkeit verliert (vergl. Kapitel 1). An dieser Stelle ist er ein betont katholischer Denker. Zum einen kennt auch er die Zentrierung alles Religiösen auf das theologisch Wesentliche. Aber er warnt vor seiner Isolierung. „Zentrierung ohne Integrierung ist Nihilierung", sagt er oft. Das heißt: Zentrierung auf das Wesentliche ohne Integrierung, d.h. Einbeziehung von Nicht-Wesentlichem bedeutet auf die Dauer den Verlust des Wesentlichen. In diesem Sinn ist ihm der Satz der Kirchenväter wichtig, wonach nicht erlöst ist, was nicht in Christus aufgenommen ist. Auch für J. Kentenich hat der Mensch einen unmittelbaren Zugang zu Gott (Gottunmittelbarkeit). Doch schließt dies Vermittler und Vermittlerinnen nicht aus, sondern ein (Gottmittelbarkeit). Hier ist auch seine Anfrage an die nachkonziliare Theologie und Spiritualität mit ihrer „ökumenischen" Prägung. Für das Anliegen der sinnenhaft wahrnehmbaren Zwischenglieder stand für J. Kentenich immer wieder die Gottesmutter Maria.

Beschreibung von ganzheitlichen religiösen Lebensvorgängen

Was sage ich also, wenn ich Gott sage? Beim Wort Gott klingt vieles mit. Immer ist auch Schöpfung mitgenannt. Es klingt z.B. Größe mit. Was Größe ist, weiß ich aber aus der Schöpfung. Besonders stark mag sich mir die Erfahrung der Größe bei einem Gewitter eingeprägt haben, aber auch bei Menschen, z.B. beim Vater. Diese Erfahrung ist immer dabei, wenn ich Gott sage. Oder ich sage, wenn ich Gott sage, „festen Grund". Ein weiteres Element im Organismus Gott z.B. ist das Erlebnis echter Treue und Solidarität, die ich in einem bestimmten Moment erfahren durfte und die sich mit konkreten Menschen verbindet. Ebenso letztlich die Sicherheit, die ich im Mutterschoß empfinden konnte, bzw. die ich in den ersten Momenten meines Lebens erfahren konnte. So assoziiert das Wort Gott auch die Person dieses ersten Momentes, die Mutter. Es ist interessant, sich einmal über längere Zeit zu fragen, was bei mir eigentlich „zweitursächlich" gesagt ist, wenn ich Gott sage.

Ein weiteres Beispiel: Was sage ich, wenn ich Erlösung durch Tod- und Auferstehung Jesu

Christi sage? Niemand ist religiös einzig und allein deswegen, weil er diese Botschaft gehört hat. Viele anderen Erfahrungen werden beim Hören einer solchen Botschaft geweckt und assoziiert, wenn ich nicht den Lebensvorgang Erlösung als Ganzen zerreiße, d.h. aus religiösen Gründen nur das Geistige in diesem wahrhaben will. Erlösung durch Tod und Auferstehung und ihre Feier gewinnen ihre Kraft auch aus der Tatsache, daß Ostern im Frühling gefeiert wird und die Natur gleichsam aufersteht, so daß Ostern gleichzeitig ein anderer Name für Frühling ist. Ebenso gewinnt Erlösung ihre Kraft aus den vielen kleinen und größeren Erfahrungen von ganz persönlichen Durchgängen durch Leid und Freiwerden von diesem. Was mich erlöst, ist de facto vielleicht ein bestimmter Duft, ein bestimmter Akkord oder Lied, eine Begegnung mit einem Menschen. Die Erlösung durch Jesus Christus kann in dem lösenden Wort eines Menschen oder einer befreienden Begegnung ihre Konkretheit bekommen. Theologisch und philosophisch kann und muß zwar unterschieden werden. Doch darf solche Unterscheidung nicht trennen, was psychologisch (bewußt-unbewußt) als Einheit und Ganzheit erlebt wird. Wie verhalten sich psychologische und theologisch-philosophische Sicht zueinander? Das entscheidet sich in der ganzheitlichen Zusammenschau des Gott-

Welt-Mensch-Zusammenhangs. Doch fehlt uns immer noch eine Theologie und Philosophie des psychischen (religiösen) Lebens. Da ist noch Neuland. Es steht aber auch eine Denkform im Weg, die zu sehr Angst vor Vermischungen hat und die entsprechenden „Objekte" zu sehr trennt und nebeneinandersieht, statt sie ineinander zu sehen.

Besonders deutlich wird die Ganzheit (der Organismus) des religiösen Lebens in der jährlichen Feier von Advent und Weihnachten. Was sage ich, wenn ich sage, daß Gott Mensch geworden ist zu unserem Heil? Die Menschwerdung des Logos kann, wie der Evangelist Johannes im ersten Kapitel seines Evangeliums es tut, äußerst geistig dargestellt werden. Und doch ist sie ganz konkret und sinnenhaft in dem kleinen Kind von Bethlehem. Auf dieses beziehen wir uns, wenn wir eine Weihnachtskrippe aufstellen. Und nicht nur durch die Feier der Eucharistie, in der das Wunder der Menschwerdung immer neu geschieht und die einmalige Menschwerdung von damals Gegenwart wird. Mehr noch als das geschnitzte Bild des Kindes und seiner Mutter sind es jedoch die lebendigen Kinder, die an Weihnachten auch in ihrem Eigenwert ebenfalls gefeiert werden und auf Jesus hinweisen. Die kleinen Kinder sowohl als auch die schon erwachsenen Kinder der eigenen Familie. Auch das Kind, das jemand gerne gehabt hätte. Dann aber auch das Kind, das ich selbst war und immer noch in mir lebt. Es ist erstaunlich, wie unsere Kultur jedes Jahr neu mit ungebrochenem Eifer eine Unmenge mobilisiert und aufbaut, um dieses Fest zu feiern. Mit Jesus allein kann dies unmöglich zu tun haben. Dies braucht es aber auch nicht. Alles, was es mit dem Thema Kind zu tun hat, wird wach und fließt ein. Und mit Kind hat sehr vieles zu tun. Es ist die Wurzel in jedem Menschen. Die Erfahrungen der Kindheit sind ja die eigentlich prägenden ein Leben lang. Der Hinweis auf Geschäfterummel erklärt fast nichts. Es muß höchstens erklärt werden, warum der Lebensvorgang Kindwerdung Gottes so viel an Geschäft in Bewegung setzt, nicht umgekehrt. Weihnachten bietet die Chance, die ersten Prägungen der frühen Kindheit zu artikulieren und zu bearbeiten. Wir haben es mit einem wichtigen kollektiven religiös-therapeutischen Vorgang jedes Jahr zu tun. Das Fest der Kinder, der eigenen Kindheit und des inneren Kindes, das Fest des Jesuskindes und der Menschwerdung Gottes ist im Erleben (dem Leben nach) ein großer Organismus.

Religion ist zu allen Zeiten auch Psychologie gewesen, sie ist es noch heute, wenn sie gesund ist, also die Ganzheit sieht und nicht spiritualisiert ausgedünnt hochgeistig ist. J. Kentenich nennt seine Organismuslehre eine Gesundheitslehre.

Es ist ein ganzer Organismus von Geistigem und Sinnenhaftem, von Göttlichem und Menschlichem, von Erst- und Zweitursächlichem, von Natur und Übernatur, der zusammengesehen sein will. Jeder einzelne steht an bestimmten Stellen dieses Organismus und realisiert die jeweils andern des „Lebensgefüges" (J. Kentenich) entsprechend mit: bewußt, dogmatisch definiert, unbewußt, lebensgefühlsmäßig, funktionell, intuitiv, ahnend, nonverbal, thematisiert, nicht thematisiert, in Zeichen- und Symbolhandlungen, in unterschiedlicher Klarheit darüber, was sie bedeuten.

Immer ist es das Ganze, das sich allerdings jeweils immer noch weiter ausfalten kann und muß, hin zu einer wesentlicheren Sicht, ohne das „Unwesentliche" aber abzustreifen. Für den sehr geistig religiösen Menschen geht es aber auch darum, das „Unwesentliche" noch ausdrücklicher zu entfalten, wenn die Religion vor lauter Geistigkeit sich nicht verflüchtigen soll. Dafür braucht es Menschen, die die Ganzheit entsprechend darstellen können und so behilflich sind, daß diese immer bewußter und gleichzeitig auch immer unbewußter entfaltet wird, weil der ganze gott-menschlich-weltliche Lebensvorgang gesehen wird, wenn auch in einem bestimmten Moment unterschiedliche Elemente betont werden.

Von der Erfahrung der menschlichen Bindung zu Gott

Ganzheit des religiösen Lebens

Zentraler Ansatz der Darlegungen dieses Buches ist die Auffassung von der Ganzheit des religiösen Lebens. Ganzheit, insofern im Menschen Leib, Seele, Geist und Gnade ein Ganzheitsgefüge bilden, aus dem kein Element herausgenommen werden darf. Die einzelnen „Schichten" dieses Gefüges stehen je nach Phasen der Selbstwerdung unterschiedlich deutlich im Vordergrund des bewußten Interesses. Die jeweils anderen sind mit-gemeint, mit-vollzogen, mit-dabei.

Ganzheit des religiösen Lebens meint aber auch die Ganzheit des vorgegebenen religiösen Raumes. In einem solchen wird Göttliches und Menschliches (Geistiges, Seelisch-Sinnenhaftes und Leiblich-Sichtbares) zusammenerlebt und -gesehen. Auch hier steht zu einem bestimmten Zeitpunkt jeweils ein Aspekt im Zentrum des Interesses, während anderes mit-dabei ist.

Der Hinweis auf die ganzheitliche Sicht der Wirklichkeit in dem genannten subjektiven und objektiven Sinn ist die Antwort J. Kentenichs auf die heutige Krise des Glaubens. Der Glaube verdunstet geradezu, bemerken wir allenthalben. In seinem ureigensten pädagogisch-pastoralen Ansatz sieht J. Kentenich die Schwierigkeiten zunächst und zutiefst nicht in der „bösen Welt". Vielmehr prangert er eine kirchliche Vorgehens- und Sichtweise an, die zu einseitig „fromm", „übernatürlich", „theologisch", ideenhaft-geistig, zu spiritualistisch ist. Und dies bezogen auf beide genannten Aspekte, den subjektiven und den objektiven. Das ist nicht ein Plädoyer für gefühlvollere Verkündigung. Es geht um die ganzheitliche Sicht der Gott-Menschlichen Zusammenhänge und eine dieser entsprechenden Pädagogik und Pastoral. Ich denke, daß vorliegende Seiten dies deutlich gemacht haben.

Das vom Zweiten Vatikanischen Konzil vorgelegte Programm der Erneuerung aus dem theologisch Wesentlichen will er ergänzt sehen durch eine bewußte Hereinnahme des Menschlich-Psychologisch-Sinnenhaften (im Subjekt wie im Objekt). Dabei geht es wohlgemerkt nicht so sehr um die Frage nach den Anknüpfungspunkten im Menschen, als vielmehr um die Möglichkeit, in menschlichen Erfahrungen dem Göttlichen zu begegnen und in diesen es zu verehren und zu lieben. Er kritisiert, daß es keine spirituelle Lehre und Theologie gibt, die so etwas bedenkt und denkerisch zu rechtfertigen im Stande ist.

Ja, er beobachtet, daß, wenn eine Praxis des Verehrens des Göttlichen im Menschlichen und der Schöpfung der Theologie und der ausdrücklichen Verkündigung begegnet, diese Praxis sehr oft unter Beschuß gerät, nieder-gedacht und zer-dacht wird. Dafür steht seine Kurzformel vom ideenhaft-mechanistischen Denken. Das hat er immer wieder bei der marianischen Thematik beobachtet. Er wertet aber die dort gemachten Beobachtungen lediglich als ein Beispiel für das Verehren(!) von konkreter (vor allem personaler) Schöpfung überhaupt.

**Von der Erfahrung
der Schöpfung zu Gott**

Daß die Schöpfung zu Gott führt, ist ein altes Thema. Und doch stand im Vordergrund der Spiritualität der Vergangenheit die Loslösung von ihr als Weg zu Gott. Eine solche Auffassung betrachtet J. Kentenich für die heutige Zeit geradezu als Gift für die Gottesbeziehung, weil sie, wie er sich ausdrückt, Gott „entwirklicht".

Denn nicht die Schöpfung als solche führt zu Gott, sondern die Erfahrung der Schöpfung, die Liebe zu ihr, die Bindung an sie. Gerade Stellen, an denen die Schöpfung besonders groß erfahren wird, die in einer konkreten Erfahrung als gewissermaßen endlos erfahrene Würde der menschlichen Natur werden psychologisch zur Möglichkeit der Gotteserfahrung. Im Heiligsten, Wichtigsten, Größten leuchtet Ewiges, Unendliches auf. Wer angesichts einer solchen irdischen Höchst-Erfahrung hört, daß Gott der Reinste, Größte, Vertrauenswürdigste, Mächtigste ist, der weiß auf einmal, was solche Aussagen bedeuten.

Vorsicht also: Hier ist heiliges Land. Hier, in der Erfahrung des Größten als Erfahrung des endlos Größten, ist ein Ort der Gottesoffenbarung und -begegnung. Hier ist für mich Gott, ein irdisch-absoluter Punkt als Erfahrung des Absoluten überhaupt. Oder christologisch gewendet: Hier ist Christus. Er ist ja der absolut-konkrete Punkt inmitten der Geschichte und Schöpfung. Hier ist Bethlehem. Hic natus est Jesus (hier ist Jesus geboren). Hier ist der Ort der Anbetung. Jedenfalls ist es ein erlebter Brückenkopf zu Gott hin. Wegen der verschiedenen Übertragungs- und Projektionsvorgänge, die einem solchen Ort erst seine Unbedingtheit geben, redet J. Kentenich in solchen Zusammenhängen vom „Gesetz der organischen Übertragung".

„Organische Weiterleitung"

Er fügt dem Gesetz der organischen Übertragung aber immer noch das der „organischen Weiterleitung" hinzu. Richtiger zu sagen sei: „das Gesetz einer erhöhten Weiterleitung (oder einer vertieften Weiterleitung). Denn schon das Gesetz der Übertragung schließt das Gesetz der Weiterleitung in sich".[15] Er will beide Aspekte möglichst nahe beieinander, ineinander lassen.

Wichtig ist also, daß nicht nur Übertragung, sondern auch Weiterleitung geschieht. Sonst bleibt der Mensch im für unendlich gehaltenen Endlichen dann doch ein-gefesselt. Es braucht die Befreiung aus dem Endlichen, aber so daß das Endliche bleiben kann. Wichtig ist, daß das Endlich-Absolute auf das Unendlich-Absolute tatsächlich durch-sichtig wird, durch-liebenswert. Es verkommt sonst. Es gibt eben doch nicht das Absolute auf dieser Erde. Wohl ist die Schöpfung in das Unendliche und Absolute hineingehalten. Sie hat einen göttlichen Glanz. Gott ist ja nicht nur „außen", er ist ebenso „innen" (Immanenz). Dieser göttliche Glanz erscheint einem einzelnen, einer Gemeinschaft, einer ganzen Kultur an den Stellen der Schöpfung, die aus letztlich subjektiven Gründen besondere Verehrung genießen, an denen aber auch Ängste besonders stark sein können.

Es taucht Unendliches auf, das verschieden ist von dem unendlich (endlos) erfahrenen Endlichen und dieses auch relativiert. Deswegen fügt Pater Kentenich also ausdrücklich ein zweites Wort bei: „Weiterleitung".

Warnung: Nicht nur Wegweiser sein

Und doch warnt Pater Kentenich immer wieder vor zu schnellem Weitergehen. Bei solchen „Ängsten" spürt man so richtig unmittelbar seinen eigentlichen Ansatz und das Gefälle seiner Spiritualität am Wirken. Die Erfahrung der Schöpfung und die Bindung an sie könnten als Weg zu Gott doch wieder abgewertet werden. Sie soll deshalb nicht wie der Wegweiser sein, der stehen bleibt und weiterweist. In ihr selbst, im Maße jemand an sie gebunden ist und an den Stellen dieser Bindung, soll die Gottesbegegnung stattfinden. Erst wenn jemand (z.B.) das schöne Tal wirklich angeschaut hat und im Maß er es lieben gelernt hat, verweist es auf Gott. Und die Gleichnisse Jesu geben nicht nur vom Himmelreich Kunde, sondern auch von einem Jesus, der die Natur und die zum Gleichnis gewordenen Objekte tief wahrnahm und liebte. Je mehr Bindung entsteht, desto intensiver kann die Gottesbegegnung dann werden.

Und den jungen Verliebten läßt J. Kentenich angesichts des Einwandes, daß Gott vielleicht doch zu kurz dabei kommt, sagen: „Für mich ist die Liebe nie auseinandergerissen. Für mich ist die Liebe - Liebe zu dir, Liebe zum lieben Gott - immer eine absolut geschlossene Einheit. Ich liebe dich - ja, ich liebe dich in Gott" - ich sage das eigens langsam -: „ich liebe dich in Gott, ich liebe dich durch Gott hindurch, oder ich liebe Gott durch dich hindurch und ich liebe dich Gottes wegen. Mehr noch: ich liebe dich vollkommen und ich liebe Gott vollkommen. Ich liebe in dir vollkommen Gott und ich liebe vollkommen Gott in dir. Diese Zerfaserung zwischen Gottes- und Menschenliebe ist mir absolut unbegreiflich. Machen wir es doch wieder einfach: lieben wir doch einfach!"[16]

Und bezüglich seines Verhältnisses zu den Menschen der von ihm gegründeten Schönstatt-Bewegung sagt er: „Die Gottesmutter hat uns einander geschenkt. Wir wollen einander treu bleiben: ineinander, miteinander, füreinander im Herzen Gottes. Wenn wir uns dort nicht wiederfänden, das wäre etwas Schreckliches. Dort müssen wir uns wiederfinden! Sie dürfen nicht meinen: wir gehen zu Gott, also verlassen wir einander. Ich will auch nicht bloß Wegweiser sein. Nein, wir gehen miteinander. Das ist auch die ganze Ewigkeit so. Was sind das für verkehrte Auffassungen, nur Wegweiser sein! Wir sind beieinander, um uns gegenseitig zu entzünden. Wir gehören einander für Zeit und Ewigkeit. Auch in der Ewigkeit sind wir ineinander. Es ist ein Liebesineinander von Mensch zu Mensch, ein ewiges Liebesineinander."[17]

Hilfe beim Vorgang der Weiterleitung

Wenn allerdings niemand dem Betreffenden sagt, daß hier Gott und Göttliches aufleuchtet, wenn niemand hilft, dem in den verschiedenen Bindungsvorgängen freudig und auch leidvoll Erfahrenen einen religiösen Namen, einen Gottes-Namen zu geben, dann bleibt der Mensch innerweltlich haften. Von selbst findet er nicht so ohne weiteres, wenn überhaupt, zur Weiterleitung. Helfen dabei kann ein ganz individueller Vorgang der persönlichen Begleitung. Ebenso aber auch eine entsprechende Lehre, der man literarisch z.B. begegnen kann. Ebenso natürlich und an erster Stelle ist es der Empfänger der Übertragungen selbst -sofern er ausdrücklich von Gott weiß-, dem diese Aufgabe zufällt. Er weist auf Gott hin durch sein Sein und sein Wort, auch durch Enttäuschungen, die er bereitet.

Wir haben es in unserer Kultur vielfach mit der Situation des Paulus auf dem Areopag in

Athen zu tun: Es gilt, „dem, was ihr verehrt, ohne es zu kennen" (Apg 17,23) den entsprechenden Namen zu geben. Doch dieser Name ist zu wenig bekannt. Die Weiterleitung findet nicht statt, weil es zu wenige gibt, die die Übertragungen und Bindungen in diesem Sinne deuten können.

Die Kirche, die berufene Deuterin, fällt an dieser Stelle, vor allem in ihrer geistigen und meinungsbildenden Schicht, zu sehr aus, weil sie mit den hier gemeinten Zusammenhängen nicht umgehen kann. Diese sind (1.) zu neu. Gleichzeitig ist (2.) eine Denkform am Wirken, die die Verbindung nicht sehen läßt, vielmehr diese im Namen des „Wesentlichen-um-das-es-geht" nicht zuläßt. So jedenfalls die Diagnose Pater Kentenichs, die bis heute nichts an Bedeutung verloren hat.

Und mit der fehlenden organischen Weiterleitung fällt auch die organische Relativierung des Innerweltlich-Absoluten aus.

Offenbarung Gottes

Gott ist letztlich gemeint. Er erscheint in dem dargelegten Vorgang als eigene Größe. Er ist nicht nur Zielpunkt einer psychischen Bewegung. Er ist auch Ausgangspunkt und Subjekt.

Er bedient sich der menschlichen Erfahrungen, wie sie besonders an den Stellen der Gebundenheit des Menschen an Innerweltiches gemacht werden, um sich zu bekunden. Ja, er offenbart sich in diese Erfahrungen und Bindungen hinein, in die in diesen wirkenden Übertragungen, um durch diese, so gut als möglich für endliche Menschen, etwas von seiner Größe, Liebe, Weisheit... aufleuchten zu lassen. Bekundung Gottes also auch hier als Lebensvorgang verstanden, nicht einfach als Seinsaussage. Es ist Offenbarung Gottes (im weiteren Sinn) in menschenhaften, welthaften, selbsthaften Bindungen, die je besser und gelungener sie sind, desto mehr dem Aufleuchten des unendlichen Gottes dienen. - Wenn man die entsprechenden Hinweise bekommt.

J. Kentenich setzt als Überschrift über solche Überlegungen den Namen „Weltregierungsgesetz". Gott führt, regiert die Menschen durch Erfahrungen, wie sie in den seelische Bindungen gemacht werden. Diese gilt es vorsehungsgläubig auf den Gott des Lebens und der Geschichte hin durch-sichtig zu machen.

So sehr es wahr ist, daß die Dinge, die Schöpfung, der Mensch nicht Gott sind, ist Gott doch nicht ohne diese zu haben. Das Religiöse ist engstens mit dem Menschlichen verbunden, näherhin mit seinen seelischen Prozessen. Es nistet sich gleichsam in die Selbstwerdung des Menschlichen ein und kann in dieser, wenn man die richtige Sichtweise hat, entdeckt werden.

Damit hat sich der Kreis meiner Überlegungen geschlossen. Ich lade den Leser und die Leserin ein, noch einmal das erste Kapitel zu lesen.

Anmerkungen

1. J. Kentenich: Ethos und Ideal (Pädagogische Tagung 1931), Vallendar-Schönstatt 1972, 182-186.

2. J. Kentenich: Der Heilige Geist und das Reich des Friedens (1930), Manuskriptdruck, 180-182.

3. Vergl. A. Grün/ M. Dufner: Spiritualität von unten, Münsterschwarzach 1994.

4. Andrew Greeley: Maria: Über die weibliche Dimension Gottes. Styria, Graz, Wien, Köln 1979. 108.

5. Auguste Rodin: Die Kathedralen Frankreichs. München (Neuauflage) 1988, 79f.

6. Vergl. dazu.: H. King: Der Mensch als Heiligtum. In: Ders.: Gott in mir. Vallendar-Schönstatt 1997, 63-80.

7. J.W. Goethe zu Eckermann am 6. Juni 1831.

9. Ebd., 37.

10. J. Kentenich : Brief vom 20. November 1948. Unveröffentlicht.

11. J. Kentenich: Vorträge II (1965), Manuskriptdruck, 87.

12. J. Kentenich: Studie 1949, unveröffentlicht, 305.

13. J. Kentenich: Das Lebensgeheimnis Schönstatts II. Teil. Vallendar-Schönstatt 1972, 113.

14. J. Kentenich: Exerzitien für Priester, November 1967, Manuskriptdruck, 87.

15. J. Kentenich: Vorträge 1963; Manuskriptdruck, Band 2, 43.

16. J. Kentenich: Aus dem Glauben Leben. Predigten in Milwaukee, Band 9, Vallendar-Schönstatt 1975, 164.

17. J. Kentenich: Vortrag vom 31. Mai 1949. In: Texte zum 31. Mai 1949, Manuskriptdruck, 13.

Literatur

Zum Ganzen

Joseph Kentenich: Marianische Erziehung (Pädagogische Tagung 1934). Vallendar-Schönstatt 1971.

Ders.: Daß neue Menschen werden. Eine pädagogische Religionspsychologie (Pädagogische Tagung 1951). Vallendar-Schönstatt 1971.

Ders.: Das Lebensgeheimnis Schönstatts, II. Teil (1952). Vallendar-Schönstatt 1972, S.93-177.

Herbert King: Paradigma Organismuslehre I-III. In: Regnum 31 (1997) 53-62, 122-134; 32 (1998) 158-168.

Ders.: Ein neues Gottesbild für eine neue Kultur. Zur Bedeutung der Zweitursachen. In: Regnum 25 (1991), 59-71.

Biesinger, Albert: Kinder nicht um Gott betrügen. Anstiftungen für Mütter und Väter. Herder, Freiburg, [7]1996.

Zu Kapitel 1

Ebertz, Michael N.: Kirche im Gegenwind. Zum Umbruch der religiösen Landschaft. Herder, Freiburg [2]1998.

Görres, Albert: Kennt die Religion den Menschen? Erfahrungen zwischen Psychologie und Glauben. Serie Piper, München ³1986.

Jörns, Klaus-Peter: Die neuen Gesichter Gottes. Was die Menschen heute wirklich glauben. C.H. Beck, München 1997.

Jörns, Klaus-Peter/ Großeholz, Carsten (Hrsg.): Was die Menschen wirklich glauben. Die soziale Gestalt des Glaubens - Analysen einer Umfrage. Chr. Kaiser/Gütersloher Verlagshaus, Gütersloh 1998.

Zu den Kapiteln 2 bis 4

Herbert King: Artikel „Leben". In: Schönstatt-Lexikon. Vallendar-Schönstatt 1996, 212-217.

Ders.: Zeitenstimme Leben. In: Ders.: Neues Bewußtsein. Vallendar-Schönstatt 1995, 107-139.

Ders.: Gestaltwandel der Kirche. Vallendar-Schönstatt, 1994, besonders die Seiten 38-40 (Kirche als Lebensvorgang und Lebensgebilde) und S. 54-82 (Religion im Selbst und andere Aspekte).

M. Gerwing/H. King (Hrsg.): Gruppe und Gemeinschaft. Prozeß und Gestalt. Vallendar-Schönstatt 1991. Darin folgende Beiträge von Herbert King:

Gemeinschaft als Prozeß nach Pater Joseph Kentenich, 78-113.

Gemeinschaft als „seelische" Gemeinschaft, 142-153.

Das „seelische" Element des Religiösen 162-165.

Leitungsstil nach Pater Joseph Kentenich, 246-273.

Biser, Eugen: Der inwendige Lehrer. Der Weg zur Selbstfindung und Heilung. Serie Piper, München 1994.

Kuhlmann, Jürgen: Innen statt droben. Für ein geistliches Gottesverständnis. Patmos, Düsseldorf 1986.

Kuschel, Karl-Josef: Weil wir uns auf dieser Erde nicht ganz zu Hause fühlen. 12 Schriftsteller über Religion und Literatur. Serie Piper, München [4]1987.

Sudbrack, Josef: Eugen Drewermann - um die Menschlichkeit des Christentums. Echter, Würzburg [3]1992.

Münsterschwarzacher Kleinschriften (Vier-Türme-Verlag, Münsterschwarzach Abtei):

Grün, Anselm/ Reepen, Michael: Gebetsgebärden, Nr. 46 (1988).

Grün, Anselm/ Reepen, Michael: Heilendes Kirchenjahr, Nr. 29 (1985).

Grün, Anselm/ Dufner, Meinrad: Spiritualität von unten, Nr. 82 (1994).

Grün, Anselm: Eucharistie und Selbstwerdung, Nr. 64 (1990).

Müller, Wunibald: Meine Seele weint. Die therapeutische Wirkung der Psalmen für die Trauerarbeit, Nr. 73 (1993).

Nouwen, Henri J.M.: Unser Heiliges Zentrum finden, Nr. 109 (1998).

Schütz, Christian: Mit den Sinnen glauben, Nr. 97 (1996).

Zu den Kapiteln 5 und 7-10

Biesinger, Albert/ Baum, Gerhard: Gott in Farben sehen. Die symbolische und religiöse Bedeutung der Farben. Kösel, München 1995.

Forstner, Dorothea: Die Welt der christlichen Symbole. Tyrolia, Innsbruck, [3]1977.

Guardini, Romano: Von Heiligen Zeichen. Grünewald, Mainz 1979.

Heim, Walter/ Perler, Thomas: Christliches Brauchtum gestern und heute. Kanisius, Konstanz 1985.

Pfleiderer, Rudolf: Attribute der Heiligen. Fourier Verlag GmbH, Wiesbaden 1989 (Reprint der Originalausgabe von 1898).

Rauchenecker, Herbert: Mit Bräuchen leben. Alte und neue Formen christlichen Feierns. Pfeiffer, München 1989.

Zu Kapitel 6

Herbert King: Liebesbündnis. Impulse zum Umgang mit der Spiritualität Schönstatts, Vallendar-Schönstatt, ²1991, 77-95.

Ders.: Marienfrömmigkeit in der Kirche von heute. In: Regnum 15 (1980), 106-116.

Ders.: Kleiner Literaturbericht: Neuere marianische und mariologische Werke. In: Regnum 20 (1986), 85-92.

Ders.: Die Erfahrung des Marianischen. Der Beitrag Schönstatts zum Weg mit Maria. In: Regnum 22 (1988), 56-72.

Ders.: Was sage ich, wenn ich Maria sage? Prozeß der Entstehung des Marienbildes. In: Regnum 27 (1993), 119-130.

Ders.: Marienerscheinungen. In: Regnum 30 (1996), 54-65.

Grün Anselm/ Reitz: Marienfeste, Münsterschwarzacher Kleinschriften Nr. 44 (1987).

Hoerni-Jung, Helene: Maria. Bild des Weiblichen. Ikonen der Gottesgebärerin. Kösel, München 1991.

Veröffentlichungen des gleichen Autors

Liebesbündnis

Impulse zum Umgang mit der Spiritualität Schönstatts.
2. Auflage, 181 Seiten, kartoniert

Kirche wohin?

47 Seiten, kartoniert

**Gruppe und Gemeinschaft
Prozeß und Gestalt**

Zusammen mit E. Badry, H. Brantzen, E. Frömbgen, M. Gerwing.
Schönstatt-Studien Bd. 7, 348 Seiten, kartoniert

Plädoyer für ein ganzheitliches Denken, Leben und Lieben

in: Stuttgarter Beiträge 1, 32 Seiten

Gott in mir

83 Seiten, kartoniert

Marianische Bundesspiritualität

Ein Kentenich-Lesebuch.
Schönstatt-Studien Bd. 8, 365 Seiten, kartoniert

Gestaltwandel der Kirche

82 Seiten, kartoniert

Neues Bewußtsein

Spuren des Gottesgeistes in unserer Zeit.
Schönstatt-Studien Bd. 10, 360 Seiten, kartoniert

Der Mensch Joseph Kentenich

70 Seiten, kartoniert

Joseph Kentenich – ein Durchblick in Texten

Band 1: In Freiheit ganz Mensch sein.
532 Seiten, kartoniert